어느 날 문득 숨고 싶을 때

# 아시아의 작은 마을

조현숙 지음

아시아의
작은 마을

**펴낸날** 초판 1쇄 2013년 1월 5일

**지은이** 조현숙

**펴낸이** 임호준
**이사** 이동혁
**편집장** 김소중
**책임 편집** 장재순
**편집** 윤은숙 나정애 김영혜 권지숙 이민주
**디자인** 별디자인
**마케팅** 강진수 이유빈 김주호
**경영지원** 김의준 나은혜 박석호
**e-비즈** 표형원 공명식 최승진

**펴낸곳** 비타북스
**발행처** (주)헬스조선
출판등록 제2-4324호 2006년 1월 12일
**주소** 서울특별시 중구 태평로1가 61 | 전화 (02)724-7683 | 팩스 (02)722-9339

ⓒ조현숙, 2013

이 책은 저작권법에 따라 보호를 받는 저작물이므로 무단 전재와 무단 복제를 금지하며,
이 책 내용의 전부 또는 일부를 이용하려면 반드시 저작권자와 (주)헬스조선의 서면 동의를 받아야 합니다.
책값은 뒤표지에 있습니다. 잘못된 책은 바꾸어 드립니다.

ISBN 978-89-93357-94-3  13980

어느 날 문득 숨고 싶을 때

# 아시아의 작은 마을

조현숙 지음

비타북스

여행지의 그리움을 마주하는 순간은 예측할 수 없다.
거리에서 흘러나오는 음악에서, 닮은 사람의 뒷모습에서, 익숙한 커피 향에서,
한때 머물던 공간을 추억하는 감정.
그렇다면 그 그리움은 끝끝내 해지지 말아야 할 감정.

여행길에서 만난 산이 내게 묻는다.

산처럼 네 꿈도 아직 희고 푸르게 살아 있느냐고.

내 여행의 말 없는 증인이 되어 메아리처럼 내게 묻는다.

갈까 말까를 망설일 때는 대부분 가는 게 옳았다.

여행은 조금 늦어진 일들을 영영 더 늦기 전에 하라고 주어진 시간,

너무 늦기 전에 한동안 까맣게 잊고 있던 일들을 하게 하는 시간.

여

느

글

어릴 적 살던 집에는 뒤꼍이 있었다. 부엌 뒷문으로 이어지는 작은 뒤뜰이었다. 한쪽에는 아침마다 밥상에 달걀 프라이를 공급해 주던 닭장과 장독대, 그리고 봉숭아꽃이 피던 작은 화단과 버드나무가 한 그루 있었다. 뒤꼍 허공을 가로지르는 빨랫줄에는 바지랑대가 비스듬히 기대어 있었다.
엄마는 내가 안 보이면 뒤꼍을 먼저 둘러보셨을 정도로, 나는 이곳에서 주로 시간을 보냈다. 동네에 마땅히 놀 만한 곳이 없기도 했고, 무엇보다 조용하고 아늑한 뒤꼍이 그냥 좋았다. 학교에 다녀오면 책가방을 마루에 집어던지고 뒤꼍으로 향했다. 닭장과 바지랑대에 고무줄을 연결해 고무줄놀이도 하고, 땅바닥에 돗자리를 깔아 그 위에서 숙제도 하고, 그러다 졸리면 낮잠도 잤다. 짝꿍과 다툰 날도 뒤꼍으로 갔다. 가만히 앉아 있으면 속상한 마음이 스르르 풀어졌다. 뒤꼍은 내 유년시절의 방이었고, 놀이터였고, 요새였다.

대학 입학과 동시에 서울로 유학을 왔다. 서울은 어찌나 사람이 많은지 사람멀미가 날 지경이었다. 특히 전철을 탈 때는 전동차 맨 앞에 서 있었는데도 사람들에 밀려 제때 타지 못해 종종 지각을 했다. 신입생 오리엔테이션이 막 끝난, 3월의 어느 봄날을 나는 지금도 선명히 기억한다. 이제 막 낯을 익힌 친구들과 우르르 교문을 빠져나가며 너의 집은 어디냐, 어떻게 가냐, 이런 대화를 주고받다가 지하철 역 입구에 도착했을 때, 나는 정처 없는 심정이 되었다. '집' 이야기를 하면서 나는 내내 뒤꼍 있는 시골집으로 가는 길을 생각하고 있었던 것이다. 친구들이 모두 지하 계단을 내려가 사라질 때까지 한동안 출입구를 서성였다. 눈물이 그렁그렁해져 자취방으로 가는 전철을 탔다. 여렸고 서툴렀다. 다음 날부터 나는 전동차의 사람들 속에 숨듯이 몸을 파묻었다. 그리고 지각하지 않았다.

그즈음 시골집도 이사를 갔다. 주말에 집에 내려가면 뒤꼍 대신 베란다에 앉아 있어야 했다. 나는 직장생활을 하면서 돈을 모아 마당이 있는 집을 사리라는 야무진 꿈을 꾸었다. 감히 서울에서. 야근을 밥 먹듯이 했으나 마당은커녕 바늘 하나 꽂을 만큼의 땅도 사지 못했다.

마당 있는 집의 꿈을 접는 대신, 어릴 적 뒤꼍 같은 곳을 찾아다녔다. 10여 년이 넘게 아시아의 작은 마을을 틈나는 대로 여행했다. 유명하고 화려한 관광지보다 작은 마을에 더 끌렸던 것은 어릴 적 추억에 대한 회귀본능 같은 것이리라. 아시아의 작고 한적한 마을을 거닐다 마주치게 되는 비릿한 빨래비누 냄새와 소박한 풍경들은 뒤꼍에서 아무 걱정 없이 놀던 내 유년기의 풍경을 떠올리게 했다.

이 책에 소개한 마을들은 함께 놀아 주고, 받아 주고, 때론 내버려두던 그 다정하고 아늑한 뒤꼍 같은 장소다. 여행은 어디로 떠나느냐 못지않게 언제 가느냐가 중요할 때가 있다. 당신의 마음이 어떠한지 모르나 만약 지금이 떠나야 할 때라면, 그 '언제'가 바로 지금이라 면, 이 책에 소개한 장소들이 그 '어디로'의 좌표가 될 수 있기를 바란다.

드넓은 초원의 파고다 안으로, 한적한 메콩 강변 옆으로, 밀림의 사원 안으로, 따뜻한 모래사막 속으로, 히말라야 산속으로 조용히 숨어들기를 바란다. 그곳에서 잠시 머무는 것만으로도 당신의 피곤한 마음이 마법처럼 스르르 풀어지는 경험을 하게 될 것이다.

마지막으로, 좋아하는 영화감독 구로사와 아키라의 인터뷰를 일부 옮긴다. 그의 영화 〈라쇼몽〉은 아시아 영화로는 처음 서방세계 영화제에서 그랑프리를 받은 바 있다. 한참 시간이 지난 뒤에 한 영화평론가(정성일)가 그에게 수상의 의미를 물었다. 그는 이렇게 대답했다.

"난 그 상을 갑자기 받았지요. 이상하지요? 상은 그런 겁니다. 영화는 상과 관계없는 것입니다. 하지만 젊은 나에게는 그 상이 필요했습니다. 그건 내가 틀리지 않았다는 격려 같은 것이었습니다. 그러니까 상은 영화가 아니라 그것을 만드는 인간에게 필요한 것입니다. 우리들은 영화를 만들면서, 같은 동네에 살면서, 서로 격려하는 것입니다."

영화 한 편 안 봐도, 평생 여행 한 번 안 가도 살아가는 데 아무 지장이 없다는 면에서 여행과 영화는 크게 다르지 않다. 나는 저 글을 옮겨 놓고, 이렇게 바꿔 읽는다.

「여행은 젊은 우리에게 주는 상이다, 그건 우리가 틀리지 않았다는 격려 같은 것이다, 우리들은 여행을 하면서, 같은 동네에 살면서, 서로 격려하는 것이다.」

여행을 떠나는 사람에게 나는 왜 떠나느냐는 질문을 하지 않는다. 어느 날 갑자기 여행이 떠나고 싶어진다면 그때가 바로 자신에게 상을 줘야 할 때이고, 떠나고 싶은 그 순간은 자신에게 몹시 격려가 필요한 순간이라고 생각하므로. 그러니 당신과 나, 아시아의 작고 조용한 마을에서 우연히 마주치게 된다면 우리 서로 아낌없이 격려를 나누도록 하자.

2012년 12월
조현숙

Thanks to.
줄탁동시를 실감하게 해 준 편집자 장재순 씨에게, 사진을 빌려 준 룸바 님, 툭툭이 형, 안진헌 씨에게, 늘 믿고 응원해 주는 가족과 친구들에게 고마움을 전한다.

차례

여는 글 **14**

라오스
LAOS

01 루앙프라방 **28**
루앙프라방에서 여행자들은 각자만의 방식으로
시간을 보낸다. 나는 동네의 할 일 없는 백수언니가
된 기분으로 골목을 어슬렁거린다.

02 씨판돈 **46**
아아, 씨판돈이라니…. 그 단어는 마치 역마살 유전자가
꿈틀대는 사람들끼리만 알아보는 은밀한 암호처럼 들렸다.

미얀마
MYANMAR

03 바간 **62**
화려하고 유명한 파고다보다도 이상하게
림보가 데려간, 가이드북에도 지도에도 없는
그 작은 파고다가 자꾸 떠올랐다.

04 만달레이 **76**
〈Road to Mandalay〉. 만달레이에 가게 된 건
순전히 이 노래 때문이었다.

05 인레 **90**
뱃사공의 아이는 호수 위에서 태어났을 것이다.
호수 위의 학교를 다니고, 호수 위의 사원에서 기도를 올리고,
호수 위의 집에서 꿈을 꾸겠지.

## 말레이시아
### MALAYSIA

06 말라카  108
무심코 펼쳤는데 종이로 접은 예쁜 집들이 툭
튀어나오는 멜로디 입체카드를 받아 본 적이 있는가.

## 태국
### THAILAND

07 빠이  128
언젠가 조용히 숨고 싶을 땐 이곳으로 와야지.
하는 생각을 하면서 대낮에 맥주에 얼음을
넣어 마시며 하루하루를 보냈다.

08 꼬묵 · 꼬부론  144
숙소 매니저의 얘기로 이 섬은 1년에 6개월만
문을 연다고 한다. 11월부터 4월까지만 영업을 하고,
5월부터는 철수를 한다는 것이다.

## 인도네시아
### INDONESIA

**09 족자카르타  162**
기념엽서에는 보로부두르 사원을 위에서 내려다본
흥미로운 모습이 등장한다. 그것은 사원 자체가
하나의 거대한 스투파 형태이면서 만다라의 모습이다.

**10 우붓  176**
우붓의 낮 시간을 가장 재미있게 보내는 방법은
미술관과 갤러리를 순례하는 것이다.
거리 곳곳에서 우붓 문화예술의 저력이 느껴진다.

## 베트남
### VIETNAM

**11 호이안  194**
오후가 되면 강변 노점에 앉아 맥주를 홀짝거리며
호이안의 밤을 기다린다. 구시가지의
기와에, 기둥에, 다리에, 나무에, 하늘에
형형색색의 등이 수놓인 아름다운 밤을.

**12 무이네  210**
어느 날 아침, 이웃사람이 내 방갈로
앞에서 소리쳤다. "사막에 가자!"

## 중국
### CHINA

**13 따리 · 리장  230**
밤이 되면 리장은 더욱 화려한 옷으로 갈아입는다.
목조 건물 처마에 매달린 홍등이 붉은빛을 내보내면
배낭여행자들이 하나둘 구시가지인 스팡제로 모여든다.

**14 티베트  246**
나는 오래전부터 샹그릴라가 보고 싶었다.
제임스 힐튼의 『잃어버린 지평선』을 읽고 난 뒤부터였다.
샹그릴라가 막연히 티베트 어디쯤이 아닐까 생각했다.

## 캄보디아
## CAMBODIA

**15 앙코르와트  264**
좋아해서 자주 가게 되었는지, 자주 가다 보니
좋아하게 되었는지 모르겠지만 앙코르와트에서
가장 많은 시간을 보낸 곳은 타프롬 사원이다.

## 타이완
## TAIWAN

**16 주펀  284**
멀리 태평양 밤바다의 등대 불빛이 저녁 인사처럼
깜박거리면, 열어 놓은 창문으로 저녁 바람이 휘파람
소리를 내고, 처마 밑 홍등은 대답하듯 수줍게 살랑인다.

**17 타이둥  296**
도시의 분위기는 멋들어진 건축물이 아니라,
그 안에서 살고 있는 사람들에게서 나오는 것이라고
굳게 믿고 있는데, 특히 타이둥이 그런 곳이다.

## 네팔
## NEPAL

**18 포카라  310**
레이크사이드에 막 발을 들여 놓았을 때, 머리에
만년설을 인 마차푸차레가 한눈에 들어왔다.
이곳은 지상낙원이 아닐까 하는 생각이 얼핏 스쳤다.

**19 히말라야 트레킹 마을  326**
눈이 무릎까지 푹푹 빠지는 초라를 패스해
마침내 이틀 뒤, 내가 지금까지 본, 세상에서
가장 아름다운 고교호수를 만났다.

# 라오스

나라를 음악으로 연주하는 악보가 있다면, 라오스 악보의 지시어는 안단테(느리게)-아다지오(천천히)-가끔은 라르고(매우 느리게) 정도 되지 않을까. 라오스에서는 메콩 강처럼 여행할 것, 걸음은 최대한 느리게, 자전거 페달은 가능한 천천히, 마음이 머무는 곳에서는 매우 느리게, 그렇게 연주하듯 여행할 것.

루앙프라방 | 씨판돈

# LAOS

# 느리게, 천천히, 그러나 지나치지 않게
**라오스, 루앙프라방**

루앙프라방에서 '살고 있는' 여행자들은

각자만의 방식으로 시간을 보낸다.

나는 동네의 할 일 없는 백수언니가 된

기분으로 골목을 어슬렁거리거나,

딱히 살 것이 없는 재래시장을 기웃대는 것을

좋아한다. 메콩 강이 내다보이는 숙소의

창문을 활짝 열어 놓고 낮잠 자는 것도

좋아한다. 메콩 강변의 노천카페에 앉아

유유히 흐르는 메콩 강을 바라보는 것도 좋다.

여행하다
보면
발걸음이

늘어지는 곳이 있다. 포카라처럼 하루 종일 바라봐도 지겹지 않은 설산이 있는 것도 아니고, 앙코르와트처럼 며칠 걸려 둘러봐야 하는 유적이 있는 것도 아닌데 이상하게 몸보다 마음이 먼저 알아서 툭 내려놓는 곳, 그래서 계획보다 오래 머물게 되는 곳, 나에게 있어선 루앙프라방Luang Prabang이 그런 곳이다.

프랑스 식민지 시절의 운치 있는 저택과 우아한 고대 불교 사원이 거리 곳곳에 남아 있는 루앙프라방은 마을 자체가 유네스코 세계문화유산으로 지정되어 있다. 외국인이 쓴 여행안내서의 '동남아에서 가장 아름다운 마을'이라는 소개 문구에는 크게 동의하기 어렵지만, 동남아에서 '가장 심심한 마을' 중의 하나라고는 생각한다. 어쩌면, 마땅히 할 것이 없기 때문에 마음은 제 멋대로 무장 해제되고, 몸은 일시 정지되는지도 모른다.

조급하게 볼거리를 찾아 나설 일이 없는 이런 마을에서는 여행자의 시간도 조금 다르게 흐른다. 여행자가 하는 일이라곤 소소하고 일상적인 일뿐이어서 여행하는 것이 아니라 잠깐 이 마을에 '살고 있는 것' 같은 느낌마저 든다. 한마디로 일상에선 일탈이 그립고, 일탈하면 일상이 그리워지는 나같이 심약한 여행자에게 적당한 곳이다.

루앙프라방에서 '살고 있는' 여행자들은 각자만의 방식으로 시간을 보낸다. 나는 동네의 할 일 없는 백수언니가 된 기분으로 골목을 어슬렁거리거나,

딱히 살 것이 없는 재래시장을 기웃대는 것을 좋아한다. 메콩 강이 내다보이는 숙소의 창문을 활짝 열어 놓고 낮잠 자는 것도 좋아한다. 메콩 강변의 노천카페에 앉아 유유히 흐르는 메콩 강을 바라보는 것도 좋다. 아침에는 진한 라오 커피를, 자기 전에는 부드러운 라오비어 한 병을 마시는 것도 잊지 않는다. 이렇게 보낸 루앙프라방에서의 시간은 지나고 나면 뭔가를 한 것 같기도 하고, 안 한 것 같기도 하다. 당연하다. 잠시 이곳에서 살고 있는 중이니까.

재미있는 것은 10년 전이든, 5년 전이든, 3개월 전이든 루앙프라방에서 사는 하루는 크게 다르지 않다는 것이다. 루앙프라방의 하루는 대략 이렇게 심심하게 흐른다.

AM 05:00 아무리 할 일이 없는 곳이라도 루앙프라방에서 하루 정도는 일찍 일어난다. 새벽 5시에는 일어나야 딱밧<sup>탁발</sup>을 볼 수 있기 때문이다. 라오스 전역에서 볼 수 있는 풍경이긴 하지만, 루앙프라방의 딱밧은 조금 특별하다. 어둠이 채 걷히지 않은 시각인데도 메인 도로인 시사방봉Sisavangvong 거리에는 약속이나 한 것처럼 하나둘 사람들이 모여든다.

승려들이 시주받는 것을 딱밧이라고 하고, 사람들이 시주하는 행위는 싸이밧이라고 한다. 싸이밧을 하려는 사람과 이 장면을 구경하려는 관광객, 관광객에게 시주 음식을 파는 상인까지 합세해 새벽 거리가 활기차다. 시주는 주로 음식으로 한다. 돗자리를 깔고 일렬로 나란히 무릎을 꿇고 앉아 있는 사람들 옆에는 정성껏 준비해 온 음식이 가지런히 놓여 있다. 이윽고 거리 끝에서 해가 떠오르듯 짙은 주황빛 천을 두른 승려들이 걸어오면 소란스럽던 거리가 일순간에 고요해진다.

약 300여 명의 승려들이 매일 아침 딱밧을 하며 루앙프라방의 아침을 연

다. 맨발로 천천히 걸어오던 승려들은 앉아 있는 사람 앞에 잠시 멈춰 공손하게 발우를 내민다. 앉아 있는 사람들은 준비해 온 음식을 승려의 발우에 배급하듯 조심스럽게 나눠 담는다. 시주하는 사람들의 행렬 끝에는 구걸하는 거리의 아이들이 앉아 있다. 승려들은 자신이 받은 음식을 구걸하는 아이들의 그릇에 나눠 준다. 시주받은 음식을 다시 시주하는 것이다. 나도 행렬에 끼어 앉는다. 언젠가 한 외국인이 사탕을 시주하자 꼬마승려가 환하게 웃는 걸 본 적이 있다. 그 뒤로는 나도 초콜릿이나 사탕 같은 군것질거리를 준비한다. 아무리 승려라도 그 나이는 밥만으로는 살 수 없는 나이일 것이다.

싸이밧을 하는 행렬에는 다른 나라에서 온 수행 중인 승려들도 종종 섞여 있다. 한번은 태국에서 온 노승을 보았다. 그는 빳빳한 20바트 지폐를 몇 묶음 들고서는 승려들의 발우에 음식 대신 돈을 넣었다. 돈 보시는 어떤 의미냐고 여쭤 보았더니, 이렇게 말하며 빙긋이 웃으셨다.

"스님이라고 돈이 필요하지 않을까요?"

그렇지, 과부 사정은 홀아비가 아는 것이다.


**AM 07:00** 딱밧이 끝나면 승려들은 사원으로 돌아가고, 부지런한 상점 주인들은 문을 열고, 여행자들은 마저 잠을 자기 위해 숙소로 돌아간다. 텅 빈 시사방봉 거리는 이제 떨어진 시주 음식을 찾아 어슬렁거리는 개와 고양이들의 차지다.

나는 아침 시장으로 향한다. 아침 찬거리를 사러 나온 주부들 틈에 끼어 현지에서만 생산되는 채소나 특산품을 구경한다. 주먹 크기의 가지, 팔뚝만 한 호박, 부위별로 해체된 고기, 메콩 강에서 갓 잡아 올린 생선 등으로 가득한 시장을 한 바퀴 둘러보고 나면 슬슬 배가 고파진다. 그러면 메콩 강 근처의 노점 식당으로 간다. 그곳에는 새벽잠 없는 노인들이 일찌감치 식사를 마치고 담소를 나누고 있다. 그 틈에 끼어 쌀국수 한 그릇을 주문한다.

　동남아 식당에서 향기가 강한 고수풀영어로는 Coriander, 태국어와 라오스어로는 팍치을 빼 달라고 요구하는 외국인들을 가끔 본다. 나는 고수풀은 물론이고 어딜 가나 현지 음식을 그럭저럭 잘 먹는 편이지만, 미원 맛만큼은 좀처럼 참기 힘들다. 미원이 듬뿍 들어간 음식을 먹고 나면 머리가 지끈지끈 아프다. 동남아의 식당들은 왜 그렇게 미원을 많이 넣는지, 덕분에 미원 넣지 말라는 말만큼은 나라별로 외워 가지고 다닌다. 최근 들어 루앙프라방에는 'NO MSG'라고 써 놓은 식당이 늘고 있지만 그럼에도 나는 언제나 '버 싸이 뺑누와!(미원 넣지 마세요!)'라고 외친다. 물론 커다란 솥에서 펄펄 끓는 육수에 이미 미원은 한 대접쯤 들어갔겠지. 말해도 소용없단 걸 알면서도 나는 '아주머니, 버 싸이 뺑누와!'라고 말하고, 아주머니는 '짜오, 짜오(알았어, 알았어).' 하며 눈 하나 깜짝 않고 솥 안의 육수 그대로 퍼서 국수를 말아 내준다.

　**AM 09:00** 라오스 요리에 관심 있다기보단 솔직히 너무 할 것이 없어서 쿠킹 클래스Cooking Class를 신청하기도 한다. 뭐, 라오스 음식 한두 가지 만들 수 있다면 좋고, 무엇보다 한 끼 푸짐하게 먹을 수 있으니 아무래도 좋다.
　루앙프라방은 수도인 비엔티안Vientiane보다 수준 높은 쿠킹 클래스가 많기로 유명하다. 제법 규모가 있는 식당에는 요리 수강생을 모집하는 포스터가 붙어 있다. 신청을 하면 약 20여 개의 메뉴가 적힌 레시피북을 주면서 만들고 싶은 메뉴 하나를 생각해 오라고 한다. 나는 만들고 싶은 요리가 아니라 먹고 싶은, 좋아하는 요리인 볶음쌀국수Fried Rice Noodle를 고른다. 쿠킹 클래스가 열리는 날, 한 팀으로 만난 수강생들은 자기 소개를 하면서 각자 생각해 온 요리를 이야기한다. 선생님은 수강생들이 골라 온 요리가 겹치지 않도록 조율하여 수프, 국수, 밥, 고기, 디저트 등을 골고루 선정한다.

요리 수업은 시장 보는 법부터 시작한다. 선생님은 시장을 휘젓고 다니며 재료에 대해 설명해 준다. 식당으로 돌아오면 요리사복과 개인용 도마, 칼 등이 그럴 듯하게 준비되어 있다. 수강생들은 양파 썰기, 마늘 까기 등의 기본 재료 준비는 같이 하지만, 자신이 고른 메뉴를 만들 때는 주인공이 되어 주도적으로 프라이팬을 흔들고 불을 조절하며 직접 요리를 하게 된다. 한번은 한 영국인 남자가 '호박코코넛케이크'를 골랐는데 호박도 코코넛도 케이크도 아닌, 아주 희한한 형태의 음식을 만들어 우리를 즐겁게 했다. 나는 볶음쌀국수를 실패 없이 만들어 냈다. 물론 선생님이 옆에서 반은 거들었지만.

수업이 끝나면 넓은 테이블에 다 같이 만든 음식을 한 상 차려 놓고 와인을 곁들이며 품평회(?)를 겸한 만찬을 즐긴다. 요리의 기본이라는 설거지까지는 하지 않는다. 식사가 끝나면 심지어 수료증까지 준다. 지금은 맛도 조리법도 기억나지 않지만, 어쨌거나 나는 툼툼쳉Tum Tum Cheng 쿠킹 클래스의 22,016번째 수료자다.

**PM 14:00** 점심도 거하게 먹었겠다, 태양은 뜨겁겠다, 별일 없으면 숙소로 돌아가 바로 낮잠을 잔다(나만 자는 것은 아니다. 현지인들도 이 시간에는 거의 문을 닫고 쉰다).

한번은 숙소로 가던 중 조이스 레스토랑Joy's Restaurant 앞을 지날 때였다. 사실 이 식당을 여러 번 지나치긴 했는데 한 번도 손님이 있는 것을 보지 못했다. 늘 무관심하게 지나쳤는데 그날따라 '포토 갤러리'라고 입구에 작게 쓰인 글씨가 눈에 들어왔다. 식당 옆 한 평 남짓한 방을 갤러리로 만들어 두고 있었다. 벽에는 사진을 프린트한 액자가 몇 개 걸려 있고, 중앙에는 컴퓨터 한 대가 놓여 있었는데, 모니터 화면에는 사진이 슬라이드 형식으로 반복 재생되고 있었다. 시선을 돌려 무심코 벽에 걸려 있는 사진을 보다가, 깜짝 놀랐다. 액자 속 사진은 내가 상점 가판대에서 본 기념엽서의 원본이 아닌가! 맙소사, 그곳은 호주의 사진작가 폴 웨이저Paul Wager의 사진 갤러리였던 것이다. 나는 이미 그의 엽서를 여러 장 샀고, 라오스를 소개하는 잡지에서 종종 그의 사진을 본 적이 있어 몹시 반가웠다.

폴 웨이저는 라오스에 관한 한 최고의 사진작가라고 생각한다. 그는 한국에서도 라오스 사진전을 연 적이 있다. 나는 특히 폴 웨이저의 인물 사진을 좋아한다. 그의 사진 속 인물들은 하나같이 눈빛과 표정이 살아 있는데, 그것은 아마 그의 아내가 라오스 여인이라서 조금 더 라오스 사람들에게 가까이 다가가는 법을 알아서인지도 모르겠다. 사진을 보고 가슴이 벅차오른 채 갤러리를 나서려는데 한 외국인이 식당에서 밥을 먹고 있었다. 식당에 누군가가 있는 건 처음 본 터라 슬쩍 메뉴를 엿보았다. 단번에 손님이 아니란 걸 알 수 있었다. 접시에 밥과 몇 가지 반찬을 대충 얹어서 먹고 있었으니까. 순간, 나도 모르게 그에게 성큼 다가갔다.

"혹시, 당신이 폴 웨이저인가요?"

"맞아요."

"와우, 저는 당신의 사진을 너무 좋아해요!"

그렇다. 나는 밥 먹는 폴 웨이저를 알아본 것이다. 흥분하며 달려든 팬을 위해, 폴은 밥 접시를 옆으로 밀어 두고는 어떤 사진이 가장 마음에 드는지 물었다. 폴은 내가 답한 사진에 대해 촬영지는 어디였고, 어떤 렌즈를 사용했으며, 사진 찍을 당시의 에피소드를 들려 주었다. 그러고는 자신의 갤러리에서 만난 한국인은 내가 처음이라며 반가워했다. 나는 그에게 루앙프라방에서 사는 줄은 몰랐다고 했다. 그러자 폴은 주로 사진을 찍으러 다니기 때문에 집에 붙어 있는 날은 얼마 되지 않는다고 했다. 사진을 찍어도 되냐고 물으니 웃으며 포즈를 취해 주었다. 좋아하는 스타가 팬을 이렇게 살뜰히 챙겨 주다니, 나는 더욱 무례해졌다.

"괜찮다면 폴, 제 카메라로 저를 한 장 찍어 줄 수 있어요? 간직하고 싶어서요."

"물론! 눈이 좀 침침하긴 하지만."

내 카메라를 받아 든 폴은 안경을 아래로 끌어내렸다. 완벽한 팬서비스였다. 폴은 조만간 근처의 다른 곳으로 갤러리를 옮길 계획이라고 했다. 다음에 오면 더 많은 사진을, 더 좋은 환경에서 보여 주겠다고 약속했다(어쩌면 지금쯤 새로운 갤러리로 이사 갔을지도 모르겠다).

**PM 16:00**  '가장 심심한 마을'이라는 타이틀에 하나를 더 추가하자면, 루앙프라방은 동남아에서 '자전거를 타기 좋은 마을' 중의 하나라는 것이다. 태양이 한풀 꺾일 이 시간쯤이면 메콩 강을 따라 자전거를 타고 루앙프라방에서 가장 아름다운 왓 씨앙통 Wat Xieng Thong 사원을 찾아간다. 메콩 강 근처에 세워진 왓 씨앙통은 루앙프라방의 전통 사원 건축양식으로 지어졌는데, 사원의 지붕이 땅에 닿을 정도로 미끄러지듯 경사를 이루고 있는 모습이 독특하다. 가끔 보수공사를 할 때는 스님들이 지붕 위에 올라가 있기도 한다.

사원 뒤로 돌아가 벽에 모자이크 되어 있는 '생명의 나무' 그림까지 보고는 메콩 강변으로 향한다.

오후 5시 즈음이 되면 태양과 바람이 한층 더 수그러들어
강변의 노천카페에 앉아 있기 가장 좋은 시간이 된다.
지나던 사람들도 잠시 자전거를 세워 놓고 맥주나 과일주스를
마시며 차분히 메콩 강의 노을을 기다린다.

PM 19:00 루앙프라방의 아침을 딱밧으로 연다면, 루앙프라방의 하루를 마감하는 것은 야시장이다. 세계유산으로 지정된 마을의 한복판은 버스나 트럭이 다닐 수 없는데, 해가 지면 오토바이나 자전거조차도 차단된다. 시사방봉 거리에 천막을 치고 바닥에 온갖 물건을 늘어 놓은 거대한 야시장이 형성되기 때문이다. 손재주가 뛰어난 라오스 사람들답게 루앙프라방의 야시장은 유난히 수공예품이 많다. 직접 만든 옷과 신발, 가방, 스카프, 그림 등이 아기자기하다. 분위기도 동남아의 일반적인 야시장과 달리 조용한 편인데 이는 수다스럽지 않고 차분한 라오스 사람들의 분위기를 닮았다.

11시가 넘으면 상인들은 하루 장사를 마무리할 채비를 한다. 11시 반이 통금 시간이기 때문이다. 통금이 지켜지는 덕에 루앙프라방의 밤은 흥청망청하지 않고, 고유의 색채를 아직까지 간직하고 있는지도 모른다. 자정이 되면 루앙프라방은 적막강산처럼 고요하다.

나는 창문을 열고 깜깜해서 보이지도 않는 메콩 강을 바라본다. 그러면서 보이지 않아도 흐르고 있는 메콩 강처럼 나도 한 것 없이 여기서 또 하루를 살았구나, 하며 라오비어를 한 병 마신다.

### 루앙프라방에서 만난 잊지 못할 여행자

루앙프라방에서 한 중국인 아저씨를 만났다. 나는 이 아저씨를 캄보디아 국경 지역에서 보았다. 영문으로 된 입국카드를 읽지 못해 큰 소리로 '누가 나 좀 도와주세요!'라고 외쳐 시선을 끌었다. 다행히 젊은 중국인 여행자들이 있어서 입국서류를 대신 작성해 주었다. 아저씨는 자전거여행 중이었는데 나의 눈길을 끈 것은 아저씨의 자전거였다. 산악자전거를 타고 자전거여행을 하는 유럽 여행자들은 가끔 봤지만, 아저씨의 자전거는 보통의 평범한 자전거였고, 복장도 평범했다. 루앙프라방에서 보자마자 내가 다 반가워 먼저 가서 아는 척을 했다. 아저씨는 중국-캄보디아-라오스를 자전거로 돌고 다시 중국으로 돌아가는 길이라고 했다. 자전거를 타고 중국 밖 여행을 하겠다던 어릴 적 꿈을 58세에 이룬 멋진 아저씨였다.

 **INFORMATION**

## 루앙프라방을 여행하는 법

### 루앙프라방으로 가는 방법
인천-루앙프라방 직항 노선은 없지만, 루앙프라방에는 국제공항이 있다. 베트남항공의 인천-하노이-루앙프라방 경유편을 이용하면 비행기로 루앙프라방에 바로 도착할 수 있다. 또는 진에어를 이용해 비엔티안까지 직항(5시간 40분)으로 이동한 후, 비엔티안-루앙프라방 구간을 버스(8~10시간)로 이동할 수 있다.

### 라오스의 대자연을 만끽하는 트레킹하기
루앙프라방 근교를 다녀오는 트레킹 프로그램이 시사방봉 거리에 즐비하다. 보트를 타고 가느냐 버스를 타고 가느냐, 점심이 포함되느냐 안 되느냐, 당일이냐 1박 2일이냐 등에 따라 다양한 프로그램이 있다. 석회암 절벽 아래에 있는 빡우 동굴(Pak Ou Caves), 쌀로 만든 라오스 전통술로 유명한 마을 반쌍하이(Ban Xang Hai), 그리고 폭포가 만들어 내는 옥빛 웅덩이에서 물놀이를 할 수 있는 쾅시 폭포(Tat Kuang Si)가 포함된 루트라면 OK. 한적하고 소박한 라오스 시골길을 걷는 기분 좋은 트레킹이다.

### 메콩 강변에서 여유로운 시간 보내기
메콩 강을 따라서 소박한 강변 레스토랑이 줄지어 있다. 대부분 맞은편에 있는 같은 이름의 게스트하우스나 호텔에서 야외 테라스처럼 강변을 사용하고 있다. 음식을 주문하면 게스트하우스의 주방에서 만들어 내오는데 메뉴 구성은 거의 비슷하다. 예쁜 인테리어로 꾸며져 있는 시사방봉 메인 로드의 식당들보다 잘 차려져 나오지는 않지만, 가격은 훨씬 저렴하고 분위기도 더 운치 있다. 조용히 책을 읽거나 엽서를 쓰면서 한가한 시간을 보내기에 좋다.

## 라오스 여행 필수정보

### 여행하기 좋은 시기
라오스의 기후는 우기인 5~11월과 건기인 12~4월로 나뉜다. 여행하기 가장 좋은 계절인 12~2월은 평균기온 16~21℃로 선선하다. 우기가 시작되기 직전인 3~4월은 35℃까지 올라가 날씨가 무덥다.

### 비자
라오스는 무비자로 15일 동안 여행할 수 있다.

# 아무것도 하지 않기로 해, 씨판돈이니까
**라오스, 씨판돈**

씨판돈에서 여행자들이 낮 시간을 보내는
방법은 거의 비슷하다. 해먹에 누워 자거나 책을
읽거나, 강에서 물소와 같이 수영을 하거나,
운이 좋아야 볼 수 있다는 이라와디 돌고래를
보러 간다거나 하는 것이다.
강이 있다 보니 튜빙이나 카야킹, 래프팅도
가능한데 가장 인기 있는 것은 튜빙이다.
강 마을에 가면 늘 검은 고무 튜브가 떠다닌다.

얼마 전
우연히
한 인터넷

방송을 듣다가 귀가 쫑긋해졌다. 여행 다큐프로그램을 만드는 한 PD가 게스트로 초대되어 촬영 후일담을 맛깔나게 늘어 놓는 중이었다. 그의 입담이 대단해서 낄낄거리며 듣고 있었다. 사회자가 그에게 질문을 던졌다.

"그래서 그 많은 곳을 돌아다녀 보니 어디가 좋던가요?"

"씨판돈이요."

"씨, 씨, 어디라고요?"

"씨판돈요, 발음을 주의하셔야 해요."

그는 취재로 갔던 씨판돈이 좋아 꼭 다시 돌아오리라 마음먹었고, 결국 1년 뒤 그곳을 다시 찾았다고 한다. 아아, 씨판돈이라니…. 그 단어는 마치 역마살 유전자가 꿈틀대는 사람들끼리만 알아보는 은밀한 암호처럼 들렸다.

여행 잡지에서도 씨판돈을 소개하는 기사를 본 적이 있다. 물론 특집 기사는 아니었지만, 어쨌든 여기저기에 씨판돈의 매력을 아는 사람들이 있다는 사실이 반가웠다.

라오스 북부는 아기자기한 분위기 때문에 일찌감치 여행자들에게 사랑을 받아 온 반면, 남부는 지리적으로 멀고 교통이 불편해 오랫동안 잘 알려지지 않았다. 하지만 하늘 아래 비밀은 없는 법, 장기여행자들이 늘어나면서 씨판돈이 차츰 여행자들의 입에 오르내리기 시작하고 있다.

씨판돈 Si Phan Don은 '4,000개의 섬'이라는 뜻이다. 그중 여행자가 머물 수 있는 섬은 돈콩Don Khong, 돈뎃Don Det, 돈콘Don Khon으로, 메콩 강변을 따라 원시 상태의 숲이 그대로 보존된 평화로운 섬마을의 분위기를 만끽할 수 있다. 핫사이쿤Hat Xai Khun 선착장에서는 3개의 섬으로 가는 보트가 매일 운행되는데, 이 때문에 캄보디아에서, 태국에서, 베트남에서 입소문을 듣고 찾아온 여행자들이 삼삼오오 선착장에 모여들었다가 각자 취향에 맞는 섬으로 찾아 들어간다.

한번은 이런 일이 있었다. 선착장에서 돈콘으로 가는 보트를 탔을 때의 일이다. 사실 선착장이라고 하기에는 조그만 백사장이 있는 강 나루터였고, 보트라고 하기에는 소형 엔진을 장착한 대여섯 명 정도 탈 수 있는 작은 거룻배였다.

"저는 돈콘으로 가려고 해요. 돈콩이 아니고요, 돈콘요. 돈. 콘."

나보다 먼저 배에 올라탄 네 명의 건장한 외국인 여행자들은 그런 내게 눈을 찡긋하며 본인들도 돈콘으로 간다는 듯한 인사를 보냈다. 이름이 비슷비슷해 정확하게 목적지를 말하려고 한 건데 의심 많은 사람으로 보인 듯해 머쓱했다. 뱃사공은 알았으니 일단 몸만 타고, 배낭은 저곳에 놔두라며 백사장을 가리켰다. 백사장에는 배에 탄 일행들의 것으로 짐작되는 배낭들이 놓여 있었다. 배가 가라앉을 수도 있으니 다음 배로 가져다주겠다고 했다.

배를 탈 때 뱃사공에게 숙소 이름을 말해 주면 곧장 숙소 앞에 배를 댄다. 섬 안에도 선착장이라는 것이 마땅히 없기 때문이다. 우리는 모두 정해 둔 숙소가 없어서 뱃사공이 알아서 돈콘의 중간쯤에 있는 방갈로에 내려 주었다. 강물 위에 높게 지어진, 오두막 식당을 겸한 방갈로였는데, 네댓 개의 플라스틱 테이블이 강변을 바라보고 있었다.

점심 식사를 놓치기도 했고, 배낭도 기다려야 해서 일단 밥을 주문했다. 그러나 식사가 끝날 때까지 배낭은 도착하지 않았다. 마치 공항의 수하물 컨베이어 벨트에서 짐이 안 나올 때의 불안한 심정과 비슷했다. 오겠지, 오겠지 하며 기다리다 보니 한 시간이 지났다. 불길한 예감이 들기 시작했다. 식당 아저씨에게 뱃사공과 연락할 방법이 없냐고 했더니 어떤 뱃사공인지도 모르고 식당에는 전화도 없다고 했다. 하긴, 전화가 있어도 어디로 전화를 건단 말인가. 선착장은 그저 백사장일 뿐인데. 밥을 다 먹은 일행들은 한참을 서로 장난치고 떠들다가 그것도 지루했는지, 갑자기 웃통을 벗고는 다이빙을 하여 물속으로 뛰어들었다. 아니, 지금 물놀이할 상황이 아닌데, 저렇게 근심이 없을 수가 있다니. 나를 의식했는지 그들은 물속에서 나에게 소리쳤다.

"기다리는 수밖에. 방법이 없잖아."

그렇긴 했다. 타고 나갈 배도 없었으니까.

여행 중에는 예상치 못한 일을 수시로 겪기도 하지만, 이런 황당한 일은 처음이었다. 그 황당함은 짜증으로, 걱정으로, 원망으로, 후회로, 한숨으로 변하더니 급기야는 나만 안절부절못하는 것 같아 억울한 기분마저 들었다. 같은 운명을 가진 사람들을 보고 '한 배를 탄다'라고 하는 말은 한참 틀린 말이구나, 물놀이하며 깔깔대는 저들은 나와 정녕 다른 배를 탄 사람들이었다.

두 시간이 지나고 강물이 내려다보이는 테이블에 앉아 맥주 한 병을 주문했다. 그러고는 머릿속으로 배낭 속의 짐을 찬찬히 떠올리기 시작했다. 뭐가 들었더라. 옷과 세면도구는… 살 수 있으니까 괜찮아, 강물 속으로 풍덩. 책은 무겁기만 해, 풍덩. 카메라 케이블과 배터리는 도시로 나가면 살 수 있겠지, 풍덩. 여기저기서 산 기념품은 비싼 것도 아니니까, 풍덩…. 강물 속으로 하나씩 하나씩 배낭 속의 짐을 버리는 상상을 했다. 그러니 딱히 필요한 것도 없는 듯했다. 여권과 지갑, 카메라는 내가 갖고 있으니 얼마나 다행인가. 그래, 배낭이 없다고 여행을 못할 건 없다.

사실 여행할 때 우리는 너무 많은 짐을 들고 다니는지도 모르겠다. 잠옷이나 구두는 취향이라고 쳐도, 고무장갑(이건 왜 들고 다니는지), 필터 정수기, 전기포트, 전압 조정기까지 들고 다니는 여행자도 본 적 있다. 나름의 이유는 있겠지만 집을 옮겨 온 것도 아니고, 무릇 여행은 적당히 불편한 것을 감수해야 하지 않을까? 여행은 불편하라고 하는 거지, 불편하지 않으면 잘못된 여행인 거야. 맥주를 홀짝홀짝 마시며, 그렇게 이 믿기 어려운 현실을 잊으려 최면을 걸었다. 뭐, 솔직히 나는 지금 불편이 아니라 거의 불쌍한 상황이긴 하지만.

한바탕 물놀이를 하던 천진난만한 일행들은 식당으로 올라와 맥주를 마시면서 또 낄낄대기 시작했다. 나도 맥주를 한 병 더 시키려던 참이었다. 바로 그때 강 쪽에서 "헤이~, 헤이~!" 하는 소리가 들렸다. 배낭을 실은 배 한 척이 우리가 있는 방갈로를 향해 다가오고 있었다. 무인도에서 구조선이라도 발견한 것처럼 우리도 소리를 지르며 손을 흔들어 댔다.

알고 보니 뱃사공은 급한 일이 생겨서 배낭을 가져다주는 것을 잠시 잊고 있었단다. 본인도 이 상황이 웃긴지 입을 가리며 웃는 바람에 우리도 웃고 말았다. 식당 아저씨가 뱃사공에게 혼내듯 뭐라고 잔소리를 해대는데도 뱃사공은 여전히 웃음을 킥킥 참고 있었다. 이 섬의 사람들은 참 느긋하구나, 라고 생각할 수밖에 없었다. 한 가지 이상한 점은 돌아온 내 배낭이 굉장히 반갑긴 한데 몹시 무겁게 느껴졌다는 거다. 사람의 마음이란, 참.

돈콩, 돈뎃, 돈콘, 세 섬의 분위기는 비슷한 듯 조금씩 다르다. 섬과 섬 사이는 배로 이동해야 하지만, 돈뎃과 돈콘은 다리로 건너갈 수 있다. 오랜만에 찾은 돈뎃과 돈콘 마을은 여행자들이 늘어나자 마을 주민들이 모두 방갈로 사업에 뛰어든 것 같았다. 자신들의 집은 뒤로 한참 밀려나 있고, 정작 강변은 여

해먹에 누워 방갈로 옆으로 흐르는 강물과 구름을 바라본다.

나는 얼마나 멀리 흘러온 걸까.

도시와 단절된 곳으로 떠나온 먼 여행,

씨판돈은 황홀한 유배지다.

행자들을 위한 게스트하우스와 식당이 차지하고 있었다. 여기저기에서 건물 공사도 한창이었는데 좋게 얘기하면 활기차졌고, 반대로 얘기하면(어쩔 수 없는 부분이긴 하지만) 조금씩 관광지화 되어 가고 있었다. 그럼에도 워낙 외져서 라오스 남부의 전형적이고 나른한 강변 마을의 분위기는 여전히 짙게 풍긴다.

돈콘은 캄보디아와 국경을 마주하고 있는 최남단의 섬으로 세 섬 중 가장 한적하고 조용하다. 강변을 따라 저렴한 대나무 방갈로가 나란히 줄지어 있고, 그 뒤편으로는 조금 더 튼튼한 티크 원목으로 지어진 방갈로들이 있다. 울퉁불퉁한 흙길 때문에 자전거는 타다 끌다 해야 하지만 마을을 가로지르는 샛길을 따라 조용히 산책하기에 좋은 섬이다.

돈콘에서 마주 보이는 강 건너편의 돈뎃은 분위기가 살짝 다르다. 돈콘과 돈뎃은 2차 세계대전 때 사용되었던 화물수송용 철로로 연결된다. 돈콘에서 배를 타지 않고 다리 위로 올라가 건너면 돈뎃이다. 주로 장기여행자들이 선호하는 섬인데, 조금 더 히피적인 자유로움이 흐른다. 낮에는 쥐죽은 듯 고요하다가, 밤이 되면 강변 바에서 틀어 대는 음악과 조명, 파티로 시끌벅적해진다.

돈콘과 돈뎃에서 여행자들이 낮 시간을 보내는 방법은 거의 비슷하다. 해먹에 누워 자거나 책을 읽거나, 강에서 물소와 같이 수영을 하거나, 운이 좋아야 볼 수 있다는 이라와디 돌고래를 보러 간다거나 하는 것이다. 강이 있다 보니 튜빙이나 카야킹, 래프팅도 가능한데 가장 인기 있는 것은 튜빙이다. 검은 고무 튜브에 앉아 강을 둥둥 떠다니는 튜빙은 아무래도 라오스에서 특허 낸 것이 아닌가 싶을 정도로, 강 마을에 가면 늘 검은 고무 튜브가 떠다닌다.

아마 최고의 튜빙 장소는 비엔티안에서 루앙프라방으로 가는 길에 있는 방비엥Vang Vieng일 것이다. 방비엥에서 쏭강을 따라 3시간 정도 튜브를 타고 내려오는 프로그램은 여행자들에게 인기가 매우 높다. 이곳 돈콘과 돈뎃의 낮고 잔잔한 강에서는 한 손에 맥주병을 든 채 고무 튜브에 앉아 있는 여행자들도

있고, 아예 고무 튜브를 떠내려가지 않게 나무에 매달아 두고 그 위에 앉아 잠을 자는 여행자들도 있다. 짜릿하고 거창하게 할 것은 없지만 뭔가 이런 느슨하고 어설픈 것들이 이곳의 매력이기도 하다.

    돈콘이나 돈뎃에 있다가 돈콩으로 가면, 촌에 살다가 읍내로 나온 기분이 든다. 씨판돈에서 가장 큰 섬이기 때문이다. 작은 초등학교와 우체국까지 있는 돈콩은 두 섬에 비해 원시적인 매력은 덜하지만 숙소와 식당은 훨씬 안락하다. 방도 널찍하게 제대로 지어진 숙소들이 많은데, 리조트 수준까지는 아니어도 정원과 레스토랑이 딸린 제법 컨디션 좋은 호텔들이 있다. 대부분의 식당들은 강변에 있으며 식사 메뉴도 더 다양하다. 그래서인지 나이 지긋한 여행자들은 이 섬이 가장 편안하다고들 한다.
    젊은 여행자들이 돈뎃과 돈콘으로 몰리면서 가장 큰 섬인 돈콩이 오히려 한산하게 느껴진다. 돈콩 섬의 둘레는 32km로, 논밭과 마을 사이를 자전거를 타고 누비며 한적한 섬의 농촌 풍경을 즐길 수 있다. 돈콩에서는 도로가 매끈하게 포장되어 있어 걷는 것보다 자전거를 타는 게 훨씬 좋은데, 이 섬 출신인 캄타이 시판돈Khamtay Siphandone 전 대통령 덕분이다.

    돈콘, 돈뎃, 돈콩 섬에서 다른 지역으로 가려면 다시 핫싸이쿤 선착장으로 배를 타고 나와야 한다. 이제 막 도착해 섬으로 들어가는 여행자들은 섬에서 막 나오는 여행자를 붙잡고 어느 섬이 좋으냐고 묻는다. 나는 이렇게 대답한다.
    "자유롭게 있고 싶으면 돈뎃으로, 조용히 있고 싶으면 돈콘으로, 편안하게 있고 싶으면 돈콩으로 가세요. 아, 물론 배낭은 꼭 들고!"

## 씨판돈을 가기 전에 꼭 들르는 마을, 빡세

라오스 남부 여행의 거점 도시인 빡세Pakse는 서쪽의 태국으로 가거나 남쪽의 씨판돈으로 가려면 꼭 지나쳐야 하는 곳이다. 씨판돈 행 버스는 모두 빡세에서 출발하기 때문이다. 그러다 보니 여행자들은 빡세에서 시간을 보내야만 하는데, 인상적인 볼거리는 없지만 라오스 남부 특유의 한가로운 분위기가 매력적이다. 관광지가 아닌 곳에서의 아주 평범한 라오스 사람들의 일상을 엿볼 수 있다. 식당에서도 외국인을 위한 메뉴는 찾기 어렵고 현지인들이 주로 먹는 음식들뿐이다. 심심한 곳이라고 여기며 현지인들 틈에 끼어 이곳저곳을 기웃대다가, 마침내 빡세의 매력을 알아낸 여행자들은 씨판돈에서 돌아오는 길에도 일부러 머물곤 한다.

 **INFORMATION**

### 씨판돈을 여행하는 법

### 씨판돈으로 가는 방법
씨판돈으로 가려면 먼저 빡세로 가야 한다. 라오스의 수도인 비엔티안에서 빡세까지 국내선 항공인 라오항공이 운항한다. 또는 비엔티안-빡세까지 심야버스(12시간)로 이동할 수 있다. 빡세의 모든 숙소에서 씨판돈으로 가는 차량과 배편을 예약할 수 있다. 빡세에서 씨판돈의 핫사이쿤 선착장까지 버스로 3~4시간 소요된다.

### Happy Meal은 Happy하지 않다
식당에 'Happy'라는 메뉴가 있다면 각별히 주의해야 한다. Happy Meal, Happy Shake, Happy Pizza, Happy Food 등등. Happy가 붙은 것은 마리화나 성분이 들었다는 걸 공공연하게 칭하는 말이다. Special도 마찬가지다. 대도시에는 없지만 지방, 특히 씨판돈이나 방비엥 등의 지역에는 아직 남아 있다.

### 씨판돈의 매력은 섬마을 산책
무엇 무엇을 해 봐야지 하는 생각으로 씨판돈에 가는 여행자는 없으리라고 믿는다. 아무것도 안 하고 푹 쉴 계획이라면 그건 매우 현명한 생각이다. 튜빙도 한두 번이면 족하다. 물놀이가 시들해지면 해먹에 누워 낮잠을 자거나 섬마을을 걸어 보자. 나무 그늘 사이로 자전거를 타고 마을 여기저기를 돌아보자. 돈콩에는 사원도 있기 때문에 이른 아침에 거리로 나가면 딱밧 풍경을 볼 수 있다. 진정한 라오스 섬마을을 느낄 수 있다.

# 미
# 얀
# 마

미얀마에서는 가던 길을 멈추고 한자리에 머무는 시간이 많아진다.
해 지는 언덕에서 바라보는 불탑은 천국보다 낯설고,
마차를 타고 달리는 벌판은 꿈길처럼 몽롱하다. 방향을 잃을
정도로 아득한 호수는 지구 밖으로 나가는 출구 같다.
"밍글라바!" 수줍게 인사를 건네는 사람들의 천진난만한 미소가
몇 번이나 뒤를 돌아보게 하는 곳, 미얀마.

바간 | 만달레이 | 인레

# MYANMAR

천 년의 기도가 이어져 오는 땅
미얀마, 바간

본격적으로 자전거를 타고

나만의 파고다를 찾아 나선다.

마치 인디아나 존스라도 되는 양

허허벌판을 쏘다니며

은밀하고 조용한

파고다를 찾아내는 일은

초등학교 소풍 때 보물을

찾는 것만큼이나 스릴 넘치는 일이었다.

F는 내가
아는 여행자
중에서

가장 자유로운 여행자다. 어디를 가든, 기간이 얼마나 되든 F는 고등학생들이 메고 다니는 20L짜리 배낭 하나만 짊어지고 다닌다. 짐이라곤 세면도구와 간단한 옷가지, 노트 한 권이 전부다. 그 흔한 디지털 카메라도 휴대하지 않으며 선물도 일절 사는 법이 없다. 여행지에서 검은 비닐봉지에 생수병 하나 덜렁 넣고 다니는 모습은 정말이지 존경스럽기까지 했다. 그런 F가 미얀마를 다녀와 선물이라며 내민 것이 있으니, 다름 아닌 '종鐘'이었다. 그러면서 하는 말은 더욱 놀라웠다.

"가방만 컸더라면 종을 더 사 왔을 텐데, 소리를 담아 올 수도 없고….."

F의 말에 의하면 종은 크기마다 모양마다 소리가 미세하게 달라, 듣고 있다 보면 죄다 갖고 싶어지더라는 것이다. 종이 미얀마에만 있는 것도 아닐 텐데 소리를 담아 오고 싶더라는 말이 묘하게 여운을 남겼다. 여행지에 대한 동기는 사진 한 장, 글 한 줄로 부여되기도 하지만, 눈에 보이지 않는 소리가 궁금해 떠나기는 처음이었다.

바간Bagan은 캄보디아의 앙코르와트Angkor Wat, 인도네시아의 보로부두르Borobudur와 함께 세계 3대 불교 유적지로 꼽힌다. 바간 왕조의 수도였던 11~13세기에는 4,000여 개 이상의 파고다Pagoda, 불탑가 세워졌지만 몽골의 침입과 1975년 대지진으로 절반이 무너져 내렸다. 남아 있는 파고다 숫자에

대해 숙소 주인은 덧셈 뺄셈을 한참 한 후에 2,259개라 했고, 가이드북에는 2,227개라고 적혀 있으며, 마부 림보는 약 3,000여 개로 지금도 복원 중이라서 정확하게 말하기는 어렵다고 했다. 어쨌거나 바간의 유적은 42km²의 광활한 지역에 퍼져 있어 실제로 이 유적을 모두 둘러보는 것은 불가능하기 때문에 관광객들은 냥우Nyaung Oo에 베이스캠프를 치고 마차를 빌려 유명한 10여 개의 파고다만을 둘러볼 뿐이다.

마부 림보를 만난 것은 행운이었다. 부지런하고 성실한 림보는 영어도 잘했다. 바간의 마부들은 넓은 평야를 부처님 손바닥처럼 꿰고 있어서 여행자가 가고 싶은 곳을 들쭉날쭉 말해도 매끄럽게 둘러볼 수 있도록 알아서 데리고 다닌다. 아침부터 붙어 다니다 보니 친근감을 느꼈는지, 오후가 되자 림보는 묻지도 않은 개인사를 늘어 놓기 시작했다. 자신의 닉네임 '림보'는 자신이 끄는 말馬 이름이라는 것, 마차는 대여해 사용한다는 것, 마부 외에 다른 일을 해 본 적이 없다는 것, 말을 타면 괜찮은데 버스를 타면 멀미 난다는 것, 친구와 만달레이에 갔다가(처음이자 마지막 여행이라고) 친구를 놔두고 하루 만에 돌아왔다는 것, 사람 많은 곳은 질색이라는 것, 다시는 바간 밖으로 나가고 싶지 않다는 것 등등. 나는 유적지를 돌아다니며 종종 림보를 살폈는데, 그는 다른 마부들과는 조금 달랐다. 유적지에 들어간 손님을 기다리면서 마부들은 삼삼오오 모여 수다를 떠는 반면, 림보는 늘 마차 뒷자리에 누워 있거나 노점 구석에서 혼자 차를 마시며 나를 기다렸다. 문득 림보는 현지인들만 은밀히 아는 조용하면서도 근사한 파고다를 알고 있을 것 같았다.

역시나. 림보가 데려간 파고다는 입구에서부터 卡자 모양의 나무가 인상적이었다. 대부분의 파고다는 口자 모양으로 빙 둘러 실내 회랑을 걷게 되어 있고, 회랑을 따라 동서남북으로 부처의 좌상이나 와상이 모셔져 있다. 회랑 벽에는 벽화가 그려져 있는데, 이곳은 특이하게 한 뼘 크기의 좌불이 진열장처럼 벽을 빼곡히 채우고 있었다. 천천히 회랑 벽을 따라 코너를 돌다가 흠칫 발걸음을 멈추었다. 컴컴한 회랑 끝에 한 사내가 가부좌를 틀고 부처의 큰 좌상과 마주 앉아 있었다. 마침, 돌 격자무늬 창을 걸러 들어온 햇빛이 부처와 사내를 조명처럼 도드라지게 비추고 있어 신비로운 느낌을 불러일으켰다. 조심조심 까치발을 하고 사내의 등 뒤로 이어진 회랑 벽을 따라 반대편으로 막 돌아서는 순간, 숨이 멎을 뻔했다. 방금 본 사내가 앉아 있었다. 잘못 본 것이 아닌가 싶어 왼쪽으로 갔다가, 오른쪽으로 갔다가, ㄷ자 회랑 복도를 바삐 한 바퀴 돌고 나서야, 다른 두 사람이 똑같은 모습으로 가운데 막힌 벽을 마주하고 앉아 있다는 것을 알았다. 거울처럼 앉아 있는 두 사내는 벽 너머로 묵언의 대화를 나누는 듯도 보였다. 나는 뭔지 헤아릴 수 없는 분위기에 끌려 구석에 쪼그리고 앉아 참으로 오랫동안 그 광경을 지켜봤다. 얼마나 오래 머물렀는지 림보가 더 늦기 전에 일몰을 보러 가야 한다고 불러내서야 밖으로 나왔다.

다음 날, 화려하고 유명한 파고다보다도 이상하게 림보가 데려간, 가이드북에도 지도에도 없는 그 작은 파고다가 자꾸 떠올랐다. 하지만 100여 명이 넘는 바간의 마부 중에서 림보를 우연히 만나기는 쉽지 않았다. 지나가는 마부에게 사진을 보여 주니 이름과 위치를 단박에 알려 주었다.

"아, 이 파고다는 이름이 없어요. 그냥 번호대로 핏차웃씻차웃1686이라고 불러요."

딱히 이름이 없는 작은 파고다는 입구에 매겨진 번호, 즉 1686번이 이름인 '1686 파고다'였다.

한낮 온도가 40도를 웃도는 미얀마의 3월 더위는 소문대로 살인적이었다.

4~5월에는 말도, 사람도 일사병으로 픽픽 쓰러진다고 했던 림보의 말이 생각났다. 땡볕에 자전거를 끌고 나온 것이 후회될 즈음, 간신히 ㅏ자 모양의 나무를 찾아냈다. 어제 명상을 하던 두 사내는 대나무로 멍석을 짜고 있었다. 명상을 하는 스승과 제자 사이인 이들은 곧 다가올 물 축제인 띤잔Thingyan을 준비하고 있었다. 그 기간에 명상하러 오는 이들이 앉을 방석을 만드는 중이라고 제자인 사내가 나지막이 말했다. 스승은 12년째 매일 이곳에 와서 명상을 한다고 했다. 바로 옆에서 우리가 자신의 이야기를 하는데도 스승이란 사내는 한마디 말도, 이렇다 할 표정도 없이 묵묵히 멍석만 짜고 있었는데 어쩐지 그 모습도 수행하는 것이 아닌가 싶을 정도로 경건해 보였다.

그날 이후 바간에서의 일정이 예상보다 길어진 건 말할 것도 없고, 나는 나름 바쁜 나날을 보내게 되었다. 하루 일과는 대략 이렇다.

일찌감치 숙소에서 조식을 챙겨 먹고 띳차웃씻차웃으로 출근해 두 사내가 명상하는 모습을 한동안 지켜본다. 명상하는 사람을 바라보는 것만으로도 명상이 되는지는 모르겠지만, 그들을 바라보고 있으면 어쩐지 마음이 편안해졌다. 그러곤 본격적으로 자전거를 타고 나만의 파고다를 찾아 나선다. 마치 인디아나 존스라도 되는 양 허허벌판을 쏘다니며 은밀하고 조용한 파고다를 찾아내는 일은 초등학교 소풍 때 보물을 찾는 것만큼이나 스릴 넘치는 일이었다. 바간이야말로 신이 주신 보물찾기가 아닌가 하는 생각을 하면서. 물론 맘에 드는 파고다에 들어가 더위 식힌다고 앉아 있다가는 꾸벅꾸벅 졸다 나오는 것이 전부였지만, 드넓은 평원의 야외 갤러리를 기웃대는 재미가 쏠쏠했다. 그러다 해가 떨어질 즈음이 되면 쉐산도Shwesandaw 파고다에서 일몰을 보는 것으로 보람찬 하루 일과를 마무리하는 것이다.

나는 수천 개의 파고다를 내려다보면서,

천 년 동안 같은 모습 그대로 있는

파고다 안의 부처를 생각한다.

쉐산도 파고다는 가파른 계단을 올라 360도 탁 트인 상층부의 테라스에서 바간의 유적을 한눈에 내려다보기 좋은 곳이다. 해 질 녘이면 곳곳에 흩어져 있던 바간의 관광객들이 약속이나 한 것처럼 모여들어 감동적인 일몰을 보며 하루를 마감한다.

쉐산도 파고다의 일몰은 매일 봐도 지겹지 않았다. 광야에 세워졌다기보다는 여기저기 되는 대로 흩뿌려 놓은 듯한 탑은 볼 때마다 새롭고, 아니, 볼수록 균형감이 팽팽하게 느껴졌다. 또한 군데군데 적절히 포진해 있는 탑 사이로 흙먼지를 일으키며 달리는 마차를 보고 있으면 유적지가 거대한 체스판 같기도 했고, 석양의 마지막 햇빛을 받아 빛나는 첨탑은 커다란 종을 엎어 놓은 것 같기도 했다. 세상의 종을 한자리에 다 모아 놓았구나 하는 생각이 들자, 문득 F가 떠올랐다. 그제야 종을 건네던 F의 마음을 조금은 헤아릴 수 있었다.

이라와디Irrawaddy 강과 수천 개의 탑을 아늑하게 감싸며 내려앉는 일몰이 본격적으로 시작되면, 소란스러움은 일순간에 사라지고 여기저기서 짧은 감탄사가 새어 나왔다. 장엄한 풍경을 마주하고 천 년 전, 누군가의 간절함으로 세워졌을 탑 앞에서 천 년 뒤의 여행자들은 이제 각자의 간절함을 기원한다. 한 생이 만들어 낸 지구상의 흔적에 가슴 벅차올라 염불인지 노래인지 모를 뭔가를 중얼거리는 사람도 있고, 훌쩍이는 사람도 있고, 그저 넋 놓고 바라보는 사람도 있다.

나는 수천 개의 파고다를 내려다보면서, 천 년 동안 같은 모습 그대로 있는 파고다 안의 부처를 생각한다. 그리고 파고다의 뚜껑이 일제히 공중으로 들리는 조금은 불경스러운 상상을 해 본다. 앉은 채로, 선 채로, 누운 채로 살며시 모습을 드러내는 수천, 아니 수만의 크고 작은 부처가 벌판에 가득한 풍경을 상상하면 가슴이 뻐근해져 왔다. 그제야 내가 얼마나 엄청난 곳에 와 있는지 실감이 났다.

눈앞에 펼쳐진 이 비현실적이도록 아름다운 풍경을 볼 때마다 나는, 세계에서 가장 폐쇄된 나라, 부패 척도가 가장 높은 나라, 경제 자유화가 가장 뒤떨어진 나라, 민주주의 지수 세계 최하위, 국민소득 세계 최하위라는 미얀마의 온갖 불명예스러운 타이틀이 비현실적으로 느껴졌다. 오히려 '세계에서 가장 완벽한 아름다움을 간직한 나라'라는 사실만큼은 굳건한 현실로 다가왔다.

계단을 내려와 쉐산도 파고다를 올려다보았다. 이토록 아름다운 풍경은 여태 어디서도 본 적 없고, 앞으로도 보지 못할 것이라는 생각을 하니 유난히 경사 심한 파고다의 계단이 현실과 비현실의 경계처럼 더욱 가파르게 느껴졌다.

### 바간의 잊지 못할 새벽

새벽 4시쯤 되었을까. 새벽을 가르는 말발굽 소리에 눈을 떴다. 부지런한 마부들이 터미널에 도착하는 여행자들을 픽업하러 가는 소리다. 밖으로 나가 보니 발우(승려의 공양 그릇)를 손에 든 맨발의 승려들이 어디론가 조용히 몰려가고 있었다. 따라가 보니 새벽 공양이 이루어지는 도네이션 센터였다. 마침 일손이 부족해 이방인인 나까지 승려들의 배식을 거들게 되었다. 넉넉하지 않은 여행자의 신분이라 돈이나 밥으로 공양할 수 없었는데, 작지만 도움이 되는 뭔가를 할 수 있어서 가슴 벅찬 새벽이었다.

# INFORMATION

## 바간을 여행하는 법

### 바간으로 가는 방법
양곤의 버스터미널(Aung Mingalar Bus Terminal)에서 바간 행 야간버스가 17:00~20:00 사이에 출발한다. 버스 회사마다 요금과 출발 시간이 조금씩 다르다. 버스터미널은 약 150여 개의 버스 회사가 모여 있는 매우 큰 버스터미널이어서 해당 버스를 찾는 것도 일일 뿐더러, 양곤 시내에서 택시로 약 40분 정도 걸리므로 넉넉하게 터미널에 도착하는 것이 좋다. 바간까지는 약 10시간 소요. 양곤-바간 국내선 비행기를 이용한다면 70분 소요.

### 바간 패스포트, 유적지 입장권
세계문화유산 보호 지역인 바간에 들어온 외국인은 누구라도 예외 없이 바간 입장료(10달러)를 내야 한다. 입장료를 내는 대신, 바간 내의 탑과 사원은 전부 무료입장이다. 국내선 비행기를 통해 바간으로 들어오게 되면 공항에서 입장료를 내지만, 버스로 도착한다면 숙소에서 입장료를 걷는다. 간혹 숙소에서 바가지를 씌우는 줄 알고 거부하는 여행자들도 있는데, 입장료를 내지 않으면 사실상 숙박도 불가능하다. 입장권은 유적지를 돌아다닐 때 늘 소지해야 한다.

### 바간을 여행하는 세 가지 방법
바간 여행에서 가장 큰 할 거리는 유적지를 둘러보는 일일 것이다. 광활한 유적의 도시 바간에서 어느 파고다가 최고라고 말할 수는 없다. 제각각 아름다움과 의미를 갖추고 있어 꼭 봐야 할 파고다를 말하기가 쉽지 않다. 다만 유적지가 너무 넓고, 그 파고다가 그 파고다 같아서 자칫 흥미를 잃을 수도 있다. 그럴 때는 약간의 변화를 줘서 바간을 돌아보는 것이 좋다.

### 마차 타기
바간에 머물면 어쩔 수 없이 마차를 한두 번 타게 될 것이다. 호스카(Horsecar)는 바간의 주요 교통수단으로 유적지를 돌아다닐 때는 마차를 한번 타 보자. 숙련된 마부들은 크고 화려한 유적지를 놓치지 않도록 안내한다. 중세시대로 돌아간 듯한 기분을 만끽할 수 있는 꽤 흥미로운 경험이다.

### 자전거 타기
대부분 첫째 날은 권하지 않지만 마차 비용이 부담스럽거나 어지간히 파고다를 둘러봤다면 둘째 날부터는 지도를 한 장 구입해 자전거를 타고 다녀 보자. 자전거는 숙소에서 대부분 빌려 준다. 다만 한낮에는 매우 더워 지칠 수 있으므로 가급적 이른 아침이나 오후에 타도록.

### 마을 걷기
현지인들의 생생한 삶을 체험하기 좋은 냥우 마켓을 둘러보자. 메인 도로에서 멀지 않아 충분히 도보로 가능하다. 우리와 다른 생필품, 잡화 등을 구경하는 재미가 있다. 엽서, 티셔츠 등의 기념품 등도 가득하다. 특히 미얀마 여성들이 얼굴에 썬크림 대용으로 바르는 타나카(Thanakha)나무와 F가 말한 각양각색의 종이 이곳에 수두룩하다.

## 미얀마 여행 필수정보

### 여행하기 좋은 시기
미얀마는 3계절이 뚜렷하다. 가장 여행하기 좋은 때는 10월 중순~2월 말까지인 건기로 선선한 가을 날씨다. 여름인 3월부터는 슬슬 더워지기 시작하면서 5월까지는 상당히 덥다. 전국이 평균기온 30℃를 웃돌고 바간은 무려 40℃까지 올라간다. 우기인 5~10월 중순 전까지는 하루 한두 차례 강한 스콜이 쏟아진다.

### 미얀마로 가는 방법
인천에서 미얀마의 양곤까지 대한항공이 직항편을 운항한다. 직항은 6시간 35분 소요된다. 미얀마는 유난히 방콕에서 출발하는 여행자가 많은데, 방콕에서 출발한다면 방콕-양곤을 운항하는 저가항공 에어아시아도 좋은 선택이다.

### 비자
2012년 6월부터 미얀마는 도착비자(VOA; Visa on Arrival) 제도를 시행하고 있다. 공항에서 수수료를 내면 28일 동안 여행할 수 있는 비자를 받을 수 있다. 하지만 제도가 바뀔 수 있고, 과거에 미얀마 비자는 받기 까다롭기로 유명했던 터라 사전에 안전하게 빌아가길 권한다. 비자는 주한미얀마대사관에서 직접 받거나 여행사에 대행을 요청하면 된다.

주한미얀마대사관
서울시 용산구 한남동 723-1
(02)792-3341
방콕미얀마대사관
132 Sathorn Nua Road Bangkok
(662)233-2237

### 미얀마의 숙소

대부분의 숙소에서 조식이 제공된다. 미얀마식과 유럽식 중에서 고를 수 있는 숙소도 있지만 기본적인 메뉴 구성은 비슷하다. 커피나 홍차, 식빵, 달걀 프라이, 과일, 주스 등으로 구성된다. 방 상태에 비해 가격이 조금 비싸다고 생각되는 숙소는 그만큼 조식이 잘 차려진다고 보면 된다. 성수기에는 방이 매진되기 일쑤이므로 다음 목적지로 가기 전에 미리 전화로 예약을 해 두는 것이 안전하다. 더 큰 이유는 미얀마에서 도시 간 이동은 주로 야간버스를 이용하게 되는데, 목적지에는 대부분 새벽에 도착하게 되므로 새벽부터 낯선 도시를 어슬렁거리고 싶지 않다면 예약이 필수다.

### 여행 시 주의사항
미얀마는 세계 어느 나라에서도 미얀마 돈으로 한전이 불가능하다. 아직 ATM기도 없다(2012년 현재). 미얀마 내에서 미국 달러를 미얀마 돈으로 환전해야 하는데, 이때 달러 신권을 소지하는 것이 유리하다. 구권은 환율이 좋지 않다. 주의해야 할 것은, 달러가 반으로 접힌 부분이 해졌다거나 낙서는 물론, 살짝 구겨진 것만으로도 아예 사용할 수 없다는 점이다. 또는 심하게 안 좋은 환율로 적용되니 각별히 보관에 신경 써야 한다. 대도시인 양곤이 환율이 가장 좋으며, 예전과 달리 암시장이나 숙소보다 은행에서의 환율이 더 좋다.

# Road to Mandalay
미얀마, 만달레이

성문을 통과하자, 번쩍하고 눈앞에

믿기 어려울 정도로 황홀한 순간이

펼쳐졌다. 한쪽으로 노란 해바라기 꽃이

빽빽하게 피어 있고, 맞은편으로 초록

벌판의 논이 넘실대며 물결치고 있었다.

그리고 그 가운데로 울창하게

우거진 나무 터널 아래 황톳길을

마차가 시원스레 내달렸다. 맙소사,

내가 찾던 〈Road to Mandalay〉의 풍경이

여기 숨어 있었다니!

⟨Road
to
Mandalay⟩.

만달레이에 가게 된 건 순전히 이 노래 때문이었다. 어쩌면 이 노래보다 한 편의 광고를 이야기하면 기억하기 쉬울지도 모르겠다. 2005년인가, 모 항공사에서 14년 동안 고수하던 승무원 유니폼을 전격 교체한다며 대대적인 광고를 했다. TV 광고 속 승무원들은 청자색과 베이지색으로 상하의를 맞춰 입고 목에는 빳빳한 스카프를 매고 나와 모델처럼 워킹하며 신상 유니폼을 선보였다. 그 장면에서 이 노래의 후렴구 '밤밤밤바라람밤밤~'이 흘러나왔다(그렇다, 현재의 대한항공 유니폼 이야기다). 노래 가사와는 무관하게, 단지 로비 윌리엄스의 독특한 음색과 이국적인 멜로디 때문에 나는 '만달레이'에 막연한 환상을 품게 되었다.

그런데 이상하게도, 미얀마에서 만난 여행자들에게 만달레이로 가는 길에 대해 물으면 하나같이 시큰둥한 표정으로 '그냥 길이지, 뭐. 별거 없어.'라고들 했다. 그럴 리가 없다. ⟨Road to Mandalay⟩를 듣고 있으면 그 길에는 무언가 특별한(이를 테면 이국적이거나 서정적인) 이미지가 연상되기 때문이다. 혹시 모두들 버스에서 자느라 그 장면을 놓친 것이 아닐까. 그렇지 않고서야 노래가 그렇게 감미로울 수는 없을 것이다.

"좌석을 지정할 수 있나요? 1번 좌석 주세요. 전 꼭 거기 앉아야 해요!"

맨 앞에 앉으려고 3일 전부터 호들갑을 떨며 만달레이 행 표를 예매했다. 그리고 드디어 전면 유리를 통해 풍경이 한눈에 들어오는 출입문 옆 1번 좌석에 앉았다. 눈을 크게 뜨고는, '자, 어서 내 앞에 펼쳐져라, 만달레이 로드여~.' 하며 한껏 기대에 부풀었다.

만달레이는 양곤에 이어 미얀마에서 두 번째로 큰 도시답게 가는 길부터 비교적 잘 닦여 있었다. 그 길의 풍경은 내가 전혀 예상하지 못한 것이었다. 이런 걸 전원적이라고 해야 하나, 목가적이라고 해야 하나. 고속도로 양옆으로 오로지 벌판, 벌판, 벌판, 그리고 벌판만이 이어졌다. 황량한 벌판 사진을 한 장 복사해 끝없이 붙여 놓기를 한 것 같았다. 처음 가는 곳인데 도착하기도 전에 실망스러운 기분이 들다니. 만달레이가 가까워 올수록 허탈해졌다. 약속 장소로 가고 있는데 약속이 취소되었다고 통보받은 사람의 심정 비슷한 것이었다.

비운의 마지막 왕조인 꽁바웅Kongbaung 왕조의 도읍지이자 약 2,400년 전 부처가 제자인 아난존자와 함께 다녀갔다는 유서 깊은 도시 만달레이에, 나는 깊은 실망감을 안고 도착했다. 숙소에서 체크인을 하고 난 후 매니저에게 의심 반, 걱정 반으로 〈Road to Mandalay〉를 들려 주었다. 후렴구까지 듣고 난 매니저는 큰 눈을 끔벅이며 처음 듣는 노래라고 했다. 만달레이 사람도 모르는 만달레이 노래라니, 나는 완전히 맥이 빠졌다.

영국군과 마지막 전투를 펼쳤을 만달레이 왕궁Mandalay Royal Palace의 성벽 앞에서, 영험하기로 소문난 마하무니 파고다Mahamuni Pagoda의 금박 불상 앞에서, 시내가 한눈에 내려다보이는 만달레이 언덕Mandalay Hill에 앉아서 이 모든 것들과 노래가 어떤 연관성이 있을까 줄곧 생각했지만, 도무지 알 수 없었다.

울적해진 나는 만달레이 시내로 내려가 중심가를 걸었다. 영국 식민지 시절, 도시계획에 따라 건설된 도로는 널찍하고 반듯했다. 대도시답게 상점들이

도로를 가득 메우고 있었는데 중국계 주민들이 많아 도시 분위기는 활기차다 못해 번잡스럽게 느껴졌다. 불현듯 노래 속 만달레이는 이곳이 아닐지도 모른다는 생각이 스쳤다. 그 달콤한 멜로디의 만달레이는 도대체 어디란 말인가.

나의 기분에도 아랑곳없이 매니저는 아침에는 '좋은 하루 보내라'고 인사를, 저녁에는 '오늘 하루 어땠느냐'고 매일 숙제 검사하듯 묻곤 했다. 그때마다 나는 딱히 할 말이 없어서 어정쩡한 웃음으로 얼버무렸다. 하루는 내게 묻지도 않은 만달레이의 명물 아이스크림 가게와 한국인 입맛에 잘 맞는 샨족 식당을 소개해 주었다. 그 뒤로 관심인지 간섭인지 분간하기 어려울 정도로 매니저의 호의가 점점 늘어 가더니, 근교 여행을 제안하기에 이르렀다. 때마침 나도 혼잡한 만달레이를 벗어나고 싶던 터라 순순히 응했다.

매니저는 지나가는 오토바이 기사를 불러 세워, 정작 오토바이를 탈 나의 의견은 묻지도 않고 오토바이 기사와 직접 요금 흥정에 나서기까지 했다. 유난히 친절하기도 했지만, 투숙객이라곤 나밖에 없어서 매니저의 고객만족 서비스를 독차지한 것이 아닌가 싶다. 선생님 기질이 다분한 매니저가 꼼꼼하게 미션을 적어 내밀었다.

1. 마하 간다용(Maha Gandayon) 수도원에서 승려들의 점심 공양을 볼 것
2. 사가잉(Sagaing) 언덕의 뽕야(Ponya) 사원에서 전망을 감상할 것
3. 잉와(Inwa)를 둘러볼 것 (이 근처에서 점심을 먹을 것)
4. 우베인 브리지(U Bein Bridge)에서 일몰을 볼 것

특히 3번에 밑줄을 쫙쫙 그으면서 내가 분명히 좋아할 거라고 했다. 뭐, 어디든 여기보단 낫지 않겠어요, 라는 말이 튀어나올 뻔했지만 온순한 학생처럼 묵묵히 메모만 챙겨서 나왔다.

1. 마하 간다용(Maha Gandayon)
수도원에서 승려들의 점심 공양을 볼 것

2. 사가잉(Sagaing) 언덕의 뽄야(Ponya)
사원에서 전망을 감상할 것

3. 잉와(Inwa)를 둘러볼 것
(이 근처에서 점심을 먹을 것)

4. 우베인 브리지(U Bein Bridge)에서
일몰을 볼 것

'호수의 입'이라는 잉와의 뜻처럼 오토바이 기사가 내려 준 곳은 강어귀였다. 현지인들은 잉와를 '어와AVA'라고도 불렀다. 나룻배를 타고 강을 건너자 마을 입구의 커다란 푯말이 먼저 관광객을 반겼다. 'AVA 둘러보는 2인용 마차 5천 짯'. 특히 '5천 짯'은 감히 흥정을 붙이지 말라는 듯 굵은 서체로 적혀 있다. 혼자라도 꼼짝없이 2인 요금을 내야 하다니, 이 섬마을에 무엇이 있기에 야박하게 정찰제로 운영되는지 의아했다.

마차는 질척거리는 좁은 강둑을 달리는가 싶더니 이내 샛길로 들어섰다. 옹기종기 모여 있는 마을을 끝까지 가로지르자 형체만 남아 있는 붉은 벽돌의 성문이 나타났다. 마차 경주의 첫 번째 관문이라도 통과하듯 마차는 성문을 향해 본격적으로 속도를 내기 시작했다.

성문을 통과하자, 번쩍하고 눈앞에 믿기 어려울 정도로 황홀한 순간이 펼쳐졌다. 한쪽으로 노란 해바라기 꽃이 빽빽하게 피어 있고, 맞은편으로 초록 벌판의 논이 넘실대며 물결치고 있었다. 그리고 그 가운데로 울창하게 우거진 나무 터널 아래 황톳길을 마차가 시원스레 내달렸다. 맙소사, 내가 찾던 〈Road to Mandalay〉의 풍경이 여기 숨어 있었다니! 뜻밖의 풍경에 흥분한 나는 좌우를 번갈아 보며 환호성을 질렀다. 덩달아 신난 마부는 휘파람을 불며 마구 채찍질을 해댔다. 제발, 천천히 가자고, 나는 다시 소리를 질렀다.

나무 터널의 끝에는 바가야 수도원Bagaya Monastery이 자리하고 있었다. 지붕은 빨간 양철을 층층으로 올린 탑 모양을 하고 있었고, 건물 전체는 거대한 티크 원목으로 지어진 특이한 모양의 수도원이었다(언젠가 아는 목수로부터 전 세계에서 사용되는 티크 목재의 80%가 미얀마산이라는 얘기를 들은 적이 있다). 벽과 문에는 공작과 연꽃 문양이 빼곡하게 채워져 있는데, 거대한 다크 초콜릿에 조각해 놓은 것처럼 부드럽고 매끄러웠다. 마루에 세워진 기둥은 퉁퉁한 연필을 세워 놓은 듯한데, 뾰족한 끝 부분에 회칠을 해 놓아서 크림을 듬뿍 발라 놓

은 것 같았다. 짙은 고동색과 흰색은 묘하게 어울려 소박하면서도 우아한 분위기를 풍겼다.

왁자지껄한 소리를 따라가니 놀랍게도 부처가 모셔져 있는 본당 안이었다. 경내에서는 예닐곱 살의 아이들과 동자승들이 어울려 수업을 받고 있었다. 솔직히 수업이라기보다는 놀이 중에 가까워 보였다. 책상에 엎드려 자는 아이, 팔씨름을 하는 아이, 짝꿍과 장난치는 아이, 마루를 기어 다니는 아이, 책을 거꾸로 들고 큰 소리로 악을 쓰는 아이…. 스무 명 남짓의 아이들이 제각각 다른 행동을 하면서 만들어 내는 소리로 가뜩이나 납작한 지붕이 무너져 내릴 지경이었다. 나이 지긋한 노승 선생님은 맨 앞자리에 앉아 신문을 읽고 계셨는데, 간혹 너무 시끄럽다 싶을 때만 회초리로 책상을 두어 번 딱딱 내려칠 뿐이었다. 그러면 아이들은 후다닥 제자리에 앉아 짤막한 노래를 합창하고는 다시 원위치하여 놀이에 열중했다. 물론 여전히 신문에 얼굴을 묻고 있는 건 노승 선생님도 마찬가지였다. 한쪽 구석에는 지긋한 미소로 이 모습을 바라보는 부처가 있는, 참으로 진귀한 교실 광경이었다.

밖으로 나오니 수업에서 빠져나온 한 동자승이 문지방에 앉아 있었다. 짙은 자주색 승복에 얼굴을 파묻고 있던 동자승이 인기척을 느꼈는지 고개를 들었다. 담담한 눈빛과 표정에는 어딘가 사람을 압도하는 것이 있었다. 사진을 찍어도 되냐는 시늉을 했더니 보슬보슬한 까까머리를 살짝 끄덕였다. 잠시 후, 동자승은 교실 반대편 법당으로 향했다. 홀린 것처럼 나는 일정한 거리를 두고 동자승의 뒤를 천천히 따랐다. 앞서 걷던 동자승이 뒤를 돌아보면, 나는 우뚝 멈춰 섰다. 그런 나를 보고 동자승은 슬며시 미소를 지었다. 동자승은 걷다가 멈춰 서서 허공을 바라보기도 하고, 텅 빈 경내에 비치는 자신의 그림자를 우두커니 쳐다보기도 했다.

동자승을 따라다니다 보니 일부러 나를 안내한 것이 아닐까 싶을 정도로

수도원의 구석구석을 살피며 한 바퀴 돌게 되었다. 그때 노승 선생님이 회초리를 내리쳤는지 아이들의 합창 소리가 들려오기 시작했다. 동자승은 재빠르게 교실로 돌아갔다.

700년 전 왕족들이 교육을 받았던 수도원 대학은 이제 아이들의 재잘거림 가득한 수도원 초등학교가 되었다. 수도원의 뜰에는 오래된 우물 하나가 덩그러니 놓여 있었다. 우물 안은 초록 이끼가 가득했다. 다시 돌아갈 수 없는 내 어린 시절의 평화와 행복이 오래된 우물처럼 그곳에 고스란히 머물고 있었다.

잉와를 다녀오고 나서야 나는 흐뭇한 마음으로 만달레이를 떠날 수 있었다. 혹시 누가 나처럼 노래 한 곡에 이끌려 만달레이에 간다고 한다면, 나는 말할 수 있다. 비록 만달레이로 가는 길이 황량한 허허벌판이라도 우울해 하지 말라고, 그 길의 끝에는 세상에서 가장 아름다운 수도원이 있다고, 그러니 그 길 끝까지 가라고. 아무 의심 없이.

*ps. 언젠가 로비 윌리엄스를 만난다면, 〈Road to Mandalay〉가 미얀마의 만달레이가 맞는지 물어보고 싶은 생각은 여전하다.*

### 만달레이의 잊지 못할 음식

인도계 미얀마인 숙소 매니저는 무척 친절한 사람이었다. 그녀가 한국인 입맛에 맞을 거라며 샨족 식당을 소개시켜 주었을 때, 사실 별 기대를 하지 않았다. 미얀마 음식이 딱히 맛있다는 생각은 들지 않았기 때문이다. 그런데 샨족 식당은 뜻밖이었다. 무치고 볶은 나물요리와 국물이 자작자작한 생선, 심지어 곁들여 주는 국물은 김칫국 같았다. 음식은 뷔페처럼 진열되어 있는데 고른 가짓수에 따라 돈을 내면 되었다. 금액도 몹시 착하고 맛도 훌륭한 샨족 음식에 빠져, 그 뒤로 나는 미얀마에서 샨족 식당만 찾아다녔다.

 **INFORMATION**

## 만달레이를 여행하는 법

### 만달레이로 가는 방법

양곤에서는 만달레이 행 버스가 매일 17:00~20:30 사이에 출발하고(약 12시간), 바간 냥우 마을에서는 매일 08:00~10:00 사이에 출발한다(약 8시간). 만달레이에는 3개의 버스터미널이 있는데 대부분이 메인 버스터미널(Kwe Se Kan)로 도착하지만 버스 회사마다 다를 수 있으니 출발 전 확인해야 한다. 메인 버스터미널은 시내에서 남쪽으로 10km 떨어져 있어 시내까지는 택시나 픽업트럭으로 이동해야 한다.

### 만달레이의 볼거리는 외곽에 있다

만달레이의 주요 관광 포인트는 모두 외곽에 있다고 해도 과언이 아니다. 영국의 식민지가 되면서 위용을 잃었지만 마지막 왕조의 주요 유적이 만달레이 외곽에 고스란히 남아 있다. 하지만 만달레이 외곽으로 가기는 수월치 않다. 대중교통이 원활치 않기 때문에 대부분의 여행자들은 택시를 하루 빌리는 방법을 택한다. 일부 택시 기사들은 마하 간다용 수도원으로 가기 전에 대리석 불상 공장이나 직조 공장에 임의로 들르기도 한다. 원치 않으면 미리 말해 두는 것이 좋다.

### 만달레이의 포토 스폿, 우베인 브리지

따웅떠만(Taungthaman) 호수를 가로지르는 약 2km의 나무다리로 1,060개의 티크우드로 지어졌다. '우베인'이라는 이름은 이 다리를 만든 사람의 이름이다. 어와 부근의 지역 책임자였던 그는 호수 건너 사원의 승려들이 탁발을 하러 다니기 편하도록, 어와 궁전에서 재료 및 자재들을 가져와서 이 다리를 만들었다고 한다. 해 질 무렵이면 관광객들이 모두 몰려들어 노을을 감상하는데, 그 풍경이 매우 아름답다. 이곳에서 미얀마의 한 지역신문 기자를 만났는데 3일째 우베인 브리지의 일몰 사진을 찍지 못해 울상이었다. 날이 아예 흐려 일몰을 보지 못할 것 같으면, 그냥 오전에 마하 간다용 수도원에서 바로 우베인 브리지로 가는 것도 좋겠다. 마하 간다용 수도원에서 우베인 브리지까지는 도보 이동이 가능해 동선이 편해지니까.

### 미얀마 내에서 비행기로 이동하기

만달레이항공(Air Mandalay ; 6T), 바간항공(Air Bagan ; W9), 아시안윙스(Asian Wings ; AW), 미얀마항공(Myanmar Airways ; UB), 양곤항공(YA ; Yangon Airways), 칸보자항공(Air Kanbawza ; KBZ) 등 미얀마의 국내선 항공은 의외로 많은 편이다. 금액도 그렇게 부담스럽지 않다. 양곤, 바간, 만달레이, 인레(헤호)에는 모두 취항하므로 시간이 부족하거나 심야버스가 자신 없는 여행자들은 항공편을 이용하면 편하다. 예약은 숙소나 여행사를 통하면 된다.

# 하늘과 땅 사이의 호수마을
**미얀마, 인레**

발끝이 땅에 닿지 않고도 흔들림 없이

담담하게 살아가는 호수 사람들.

호수를 품고 살아간다는 것을

가슴에 작은 물통 하나 넣고 다니는

여행자는 감히 상상할 수 없는 것인지도

모르겠다. 물 위에 뜬 채로 흔들리면서

피어나는 부레옥잠 꽃이

그래서 귀한 꽃이라고

어머니는 말씀하셨던 것일까.

버스 기사가
깨워
밖으로

나가니 내 배낭은 이미 짐칸에서 꺼내져 길옆에 널브러져 있었다. '버스는 나를 내려놓고 간 게 아니라 버리고 간 거야.' 혼잣말이 절로 나왔다. 가로등 하나 없는 도롯가에, 그것도 새벽 3시에 혼자 남겨졌다면 누구라도 이런 기분이 들 것이다. 미얀마의 야간버스는 왜 이렇게 꼭두새벽에 도착하는 시스템인지 이해할 수 없다. 아무튼 덕분에 매번 낯선 도시에 도착하면 노숙자처럼 새벽부터 마을을 어슬렁거려야 했다. 그나마 다행인 것은 정거장이 아니어도 투어리스트 버스가 정차하는 곳에는 뭔가 이동할 방법들이 있긴 하다는 것이다.

오토바이 서너 대가 시동을 켜 놓은 채로 길을 희미하게 비추고 있었다. 헤드라이트 불빛을 가로질러 한 남자가 다가왔다. 나는 직감적으로 오토바이 기사인 걸 알아채고 인레 호수로 가자고 했다. 그는 여긴 쉐냥Shwenyaung이고, 12km를 더 가면 냥쉐Nyaungshwe이며, 바로 그곳에 인레 호수가 있다고 졸린 나를 붙잡고 또박또박 설명해 주었다. 쉐냥이든 냥쉐든 뒤십으나 바로 하나 같은 이름이고, 나는 그저 빨리 숙소로 가서 마저 잠을 자고 싶을 뿐이었다.

오토바이는 20분쯤 달리다가 냥쉐 마을의 입구에 멈춰 섰다. 그 같은 새벽 시간에 인레의 지역 입장료까지 내는 신고 절차를 거치고 나서야 예약한 숙소에 간신히 도착할 수 있었다. 로비에서 이불을 깔고 자던 종업원이 부스스 일어나 여권도 확인하지 않고 방 열쇠를 넘겨 주었다. 일단 한숨 자고 나서 체크인을 하라는 것은 서로를 위해 좋은 일이었다.

여행을 하다 보면 예정보다 오래 머물고 싶어질 때가 있다. 이유 중 하나는 마음에 드는 숙소를 만났을 때다. 객실 상태에 대해서만 얘기하자면, 일단은 햇볕이 잘 드는 창문이 있고(창밖 풍경이 근사하면 더 좋고), 짐을 여기저기 널어놓아도 될 만큼 공간이 넓고, 이불은 보송보송하고, 24시간 더운 물이 나오고, TV 대신에 작은 책상이 있고, 낡았어도 청결하고, 옆방 소리가 들리지 않고, 요란한 장식이 없는 방이 그렇다.

한숨 자고 눈을 떴을 때, 나는 이 방에 계획보다 오래 머물게 될 거란 예감이 들었다. 창밖으로 평화로운 마을 풍경이 보이고, 흰색 페인트를 말끔하게 칠한 방 안으로는 따스한 햇볕이 기분 좋게 들어오고 있었다.

냥쉐는 해발 875m의 고원에 위치한 산정호수 마을이다. 마을에는 '인레 Inle Lake'라는 아름다운 호수가 있는데, 이 호수가 워낙 유명해 여행자들은 이곳을 냥쉐 대신 호수 이름을 따서 인레라고 부른다. 이곳은 미얀마를 찾는 유럽 여행자들이 가장 선호하는 곳이다. 호수 안쪽에는 약 10만 명의 사람들이 물 위에 집을 짓고 살고 있다. 그들은 쪽배를 타고 물고기를 잡고, 물 위에 논과 밭을 만들어 수경 농사를 짓는다. 물 위에서 이루어지는 그들만의 독특한 생활방식을 보러 오는 여행자들이 많아지면서 '인레 수상마을 투어'는 이 마을의 대표 관광상품이 되었다.

나는 조금 다른 이유로 인레를 찾았다. 여행 중에 호수가 있다는 소리를 들으면 일부러라도 찾아가곤 하는데, 그건 호수에 대한 어릴 적 기억 때문이다.

열 살 때, 그러니까 초등학교 3학년 여름방학이었다. 다른 지방에서 사시는 이모 집에 놀러 간 적이 있는데, 이모네 마을에서 나는 처음으로 호수를 보았다. 오랜 시간이 지난 뒤에 그것은 큰 늪이지 않았을까 생각했지만, 당시 이모는 그것을 호수라고 부르셨다. 어린 나의 눈에도 그것은 옹달샘이나 연못과는 비교할 수 없이 크고 넓어 보였다. 무엇보다 맨땅에 어떻게 그 많은 물이 고여 있는 건지 마냥 신기했다. 그때는 바다를 보기 전이어서 호수가 더 충격적으로 다가왔는지도 모르겠다(고등학교 때 바다를 처음 보았다).

호수 주변에는 한 아름이 넘는 나무들이 호수를 에워싸고 있었고, 물 위에는 개구리밥이 둥둥 떠 있었다. 호수 옆에는 원두막이 있었는데, 그곳에서 나는 방학숙제를 하곤 했다. 언젠가는 호숫가에 푸른빛이 감도는 보라색 꽃이 가득했다. 어머니께서는 "참 귀한 꽃이 피었구나."라고 하셨다. 그 꽃의 이름이 부레옥잠이라는 것은 나중에야 알았다.

호수를 보는 게 좋아서 방학 때마다 이모 집에 가자고 어머니를 졸랐다. 부레옥잠이 가득한 여름방학의 호수는 겨울방학에는 꽁꽁 언 눈썰매장으로 변했다. 초등학교 시절의 방학은 늘 호수와 함께했다. 중학교에 들어간 뒤로는 그 호수를 보지 못했다. 이모가 도시로 이사를 가셨기 때문이다. 직장생활을 할 때, 인사동에서 항아리 뚜껑 같은 옹기를 사다가 그 안에 부레옥잠을 넣고 베란다에서 키운 적이 있다. 하지만 보라색 꽃은 보지 못했다.

여행할 때는 늘 마음에 물통 하나를 넣고 다니는 기분이 든다. 이리 흔들 저리 흔들, 가득차지 못한 물통은 길 위에서 감정에 따라 제 멋대로 출렁인다. 그러다 호수를 만나면 물통을 가만히 세워 놓은 것처럼, 요동치던 물통 안의 내 마음도 차분해진다. 흔들림 없는 호수를 바라보고 있으면 안 좋았던 기억은 서서히 바닥으로 가라앉고 좋은 기억만 부평초처럼 둥둥 떠오른다. 물 냄새가 머리를 맑게 하는 호수마을은 나에게는 여행의 호흡을 가다듬는 시간이기도 하다.

인레 호수는 길이 22km, 폭 11km로 미얀마 최대의 호수이다. 이쯤 되면 거의 강이나 바다라고 해야 하지 않을까 싶다. 호수가 너무 크기 때문에 돌아보려면 배를 빌려야 했다. 배는 뱃사공을 제외하고 다섯 명까지 탈 수 있었다. 혼자 여행해서 불편한 것은 바로 이런 때다. 혼자 먹고, 자고, 버스를 타는 것은 문제 될 게 없지만, 특별한 것을 보러 가기 위해 지프나 배를 빌려야 할 때.

성수기가 막 끝난 터라 일행이 좀처럼 구해지지 않았다. 숙소 주인은 하루만 더 기다려 보라고 했다. 그렇게 하루하루 이야기한 것이 사흘이 되었다. 숙소 로비의 메모판에는 공항 가는 택시를 셰어하고 싶다는 여행자의 메모도 사흘째 붙어 있었다. 매일 호숫가 선착장에 나가 하릴없이 앉아 있었다. 호수 안쪽에서 쌀가마니를 싣고 나오는 배가 있는가 하면, 토마토를 가득 싣고 나오는 배도 있었다. 호수 한가운데는 어떤 모습일까 궁금했다. 내일은 혼자라도 배를 빌려야지 생각하고 숙소로 돌아왔는데, 숙소 주인이 환하게 웃으며 나를 반겼다. 마침 체크인한 여행자들이 있어 인원을 맞췄으니 내일은 수상마을에 갈 수 있다는 것이다. 그러면서 내일은 특별한 날이라고 했다. 호수에서 5일장이 열리는 날이라고.

대나무로 만든 길쭉한 배에 한 사람씩 앞사람의 등을 보고 앉았다. 맨 뒤에 앉은 뱃사공이 모터보트 엔진을 돌리자 조그만 쪽배가 요란한 소리를 내며 물살을 갈랐다. 광활한 호수에도 나름 관광코스가 있어 6~7군데를 뱃사공이 이리저리 알아서 데리고 다닌다. 호수 위의 집들은 모두 물 위에 아슬아슬하게 지어져 있고, 학교나 사원처럼 사람들이 많이 몰리는 건물은 호수의 침식 작용으로 인해 생긴 분지에 세워져 있다. 고양이가 점프 묘기를 한다는 고양이사원에서는 고양이가 자꾸 바닥에 드러누워 승려 조련사는 난처한 표정을 지었다. 쉐인떼인Shwe Inn Thein 파고다군에서는 정글 탐사대가 된 기분이었다. 호수 안에 숨겨진 사원이다 보니 훼손도 덜 되었지만 한편으론 그만큼 관리도 소홀해 유적이 정글 속에 파묻혀 있었는데, 오히려 그 모습이 묘하게 매력적이었다.

5일장이 열린 남판 마켓Nampan Market은 숙소 주인의 말대로 특별했다. 동남아의 여느 수상시장처럼 배에서 물건을 사고파는 것이 아니라, 물건을 실은 쪽배들이 모두 몰려와 분지에 노점을 차린다. 동으로 만든 부처의 얼굴상, 나무를 깎아 만든 동물상, 옛날 돈, 불교 경전, 금은 액세서리, 귀걸이와 팔찌 등 골동품 분위기가 물씬 풍기는 것들은 주로 여행자를 위한 것이다. 시장 안쪽으로 들어가자 온갖 채소와 생선, 과일, 생필품 좌판이 가득 펼쳐졌다. 장날이 아니라 거의 명절 대목 수준으로 발 디딜 틈 없이 북적댔다. 한쪽에선 천막을 치고 생선튀김과 국수를 말아 내놓고 있었는데 장을 본 아주머니들이 모여 국수를 먹으며 왁자지껄 수다를 떨고 있었다.

뱃사공은 호수의 한가운데로 나아가더니 엔진의 시동을 껐다. 방향 감각을 잃을 정도로 넓은 호수 한가운데에서는 어부들이 물고기를 잡고 있었다. 인레 호수의 가장 독특한 풍경 중 하나가 바로 이 어부들이다. 이곳의 어부들은 발로 노를 젓는다. 배 뒤쪽에 서서 한쪽 발로 노를 젓다가 대나무로 만든 원뿔 모양의 덫을 물속으로 밀어 넣어 물고기를 잡는다.

호수에는 어부들만 있는 것이 아니다. 호수의 농부들은 수경재배로 채소를 생산한다. 비교적 수심이 얕은 곳에 갈대를 이용해 밭을 만든 다음, 그 위에 흙을 덮고 대나무의 부력을 이용해 밭을 물 위에 뜨게 한다. 이들은 호수를 위해 농약이나 비료 대신 호수의 수초를 사용하는 친환경 농사법을 고안해 냈다. 이들에게 호수는 삶의 원천이자 목숨과 같기 때문에 호수를 숙명처럼 돌보며 살아간다.

밭이 호수 위에 둥둥 떠 있는 모습도 이색적이지만, 쪽배 뒤에 밭을 달고 다니다가 레고 블록을 맞추듯 이쪽 밭을 떼다가 저쪽 밭으로 옮기는 모습은 경이롭기까지 했다. 집, 사원, 학교, 상점, 식당 등의 건물은 튼튼한 티크우드로 지어졌는데 이웃끼리 대나무 육교를 만들어 오갈 수 있게 만들어 두기도 했다. 문패도 없는 수상가옥은 형태도 크기도 모두 비슷하게 지어져 있고, 집집마다 갈대 담장이 둘러쳐져 있다. 각 수상가옥 앞에는 마치 자가용처럼 쪽배가 한 대씩 정박해 있었다.

뱃사공이 돌아가는 길에 잠시 들러야 할 곳이 있다며 양해를 구했다. 수업이 끝난 아들을 픽업해 집에 데려다 주는 모양이었다. 친구들과 놀고 있던 열 살 남짓한 꼬맹이가 뱃사공 아버지를 보자 냅다 달려왔다. 성큼 배에 올라탄 아이는 책가방을 배에 던지다시피 했다. 뱃사공이 몇 마디 건네자 아이가 성의 없이 고개를 앞뒤로 마구 끄덕이는 걸로 보아, 오늘 선생님 말씀 잘 들었어? 친구랑 싸우지 않았고? 응, 응, 이런 일상적인 대화를 나누는 듯했다.

뱃사공의 아이는 호수 위에서 태어났을 것이다. 호수의 아이들은 걷기도 전에 수영을 할 줄 안다고 했다. 엄마, 아빠의 얼굴 다음으로 이 넓은 호수를 보았겠지, 호수 위의 학교를 다니고, 호수 위의 사원에서 기도를 올리고, 호수 위에서 음식을 먹고, 호수 위의 집에서 잠을 자고, 호수 위에서 꿈을 꾸겠지.

발끝이 땅에 닿지 않고도 흔들림 없이 담담하게 살아가는 호수 사람들. 호수를 품고 살아간다는 것을 가슴에 작은 물통 하나 넣고 다니는 여행자는 감히 상상할 수 없는 것인지도 모르겠다. 물 위에 뜬 채로 흔들리면서 피어나는 부레옥잠 꽃이 그래서 귀한 꽃이라고 어머니는 말씀하셨던 것일까.

뱃사공이 한 수상가옥 앞에 배를 대자 아이가 소리쳐 엄마를 불렀다. 문이 열리고 한 여인이 젖먹이 갓난아이를 안고 나무 계단을 내려왔다. 계단의 끝은 물속에 잠겨 있다. 아이가 집 계단으로 폴짝 뛰어내렸다. 뱃사공 집 물 위의 정원에도 부레옥잠이 가득 피어 있었다.

## 미얀마 사람들의 특별한 화장법

처음 미얀마 양곤에 도착했을 때 미얀마 여자들을 보고 깜짝 놀랐다. 멀쩡한 여자들의 얼굴에 하나같이 뭔가가 칠해져 있었다. 분이라고 하기엔 너무 되는 대로 바른 모습에 살색 파스를 붙인 건가 생각되기도 했다. 알고 보니 그것은 타나카 Thanakha라는 나무껍질을 편편한 돌에 물을 뿌리며 갈아 그 물을 얼굴에 바른 것이었다. 타나카는 강렬한 직사광선으로부터 피부를 보호해 주는 효과가 있어서 미얀마에서는 남녀노소 모두 얼굴에 바른다. 유럽 여자 여행자들은 그 모습이 우스꽝스럽다며 질색하지만, 나는 미얀마에서 내내 타나카를 바르고 다녔다. 실제로 타나카를 바르면 시원한 느낌이 든다. 무엇보다 여행지에서는 되도록 현지인들을 닮고 싶으니까.

 **INFORMATION**

## 인레를 여행하는 법

### 인레로 가는 방법
미얀마의 주요 도시에서는 모두 인레로 가는 버스가 운행된다. 대부분 오후에 출발하며 양곤에서는 16시간, 만달레이에서는 12시간, 바간에서는 8~10시간 소요된다. 미얀마 국내선 항공을 이용하면 35km 떨어진 헤호(Heho) 공항으로 도착하게 된다. 공항에서 냥쉐 마을까지는 택시로 1시간 소요. 냥쉐 마을 입구의 체크포인트에서 인레로 들어오는 외국인들은 모두 입장료를 내야 한다(5달러). 바간처럼 세계문화유산 지역도 아닌데 무슨 입장료인가 싶겠지만, 미얀마 정부에서 걷는 인레 호수 환경기금 명목이다.

### 인레까지 조금 더 쉽게 가는 방법
미얀마의 기차는 연착도 많고 제시간에 출발하지 않는 경우가 허다하다. 여행자들은 주로 심야버스를 이용하는데 도로는 점점 좋아지고 있고, 버스 상태도 괜찮은 편이다. 경비가 여유 있다면 국내선 항공도 좋은 선택이다. 미얀마는 의외로 국내선 항공이 많고, 금액도 그렇게 부담스러운 편이 아니다. 특히 인레는 국내선으로 들어오는 여행자들이 많은 편이다. 양곤, 바간, 만달레이 등지에서 인레(헤호)로 들어오는 국내선이 매일 취항하기 때문에 시간이 부족하거나 심야버스가 자신 없는 여행자들은 이용하면 편하다. 예약은 숙소나 여행사를 통하면 된다.

### 인레 산책 코스, 빌리지 트레킹
인레에는 호수 투어만 있는 것이 아니다. 한적한 시골 마을을 걷는 빌리지 트레킹(Village Trekking) 프로그램도 있다. 산을 오르는 트레킹이라기보단 산책에 가까운데, 한가로운 시골길을 걸으며 대여섯 마을을 둘러보고 인레 호수의 중간 지점으로 돌아오는 것이다. 가는 도중에 검은 옷만 입는다는 빠우(Paoh)족 사람들이 사는 마을을 지나기도 하고, 수도원을 지나기도 한다. 재미있는 것은 이 트레킹 상품에는 점심 식사가 포함되는데, 동행한 가이드가 현지인의 집에서 직접 간단한 점심을 만들어 준다. 시골 친구 집에 놀러 온 기분이 드는 즐거운 산책이다. 버스로 3시간 거리인 깔로(Kalaw)에서 인레까지 1박 2일에 걸친 트레킹 코스도 있다.

### 만족스러운 인레의 숙소
미얀마에서 가격 대비 가장 컨디션 좋은 숙소가 모여 있는 곳이 인레일 것이다. 특징 없는 건물의 숙소부터 방갈로풍의 나무 숙소, 고급스러운 리조트까지 다양하다. 저렴한 숙소는 주로 호숫가 주변에 모여 있는데, 이른 아침부터 모터 엔진이 돌아가는 소리에 잠을 설치게 되니 마을 안쪽에 숙소를 잡는 것이 좋다. 숙소의 조식도 다른 도시에 비해 훌륭한 편으로, 아메리칸 스타일의 빵과 샨족 누들 중에서 고를 수 있는 곳도 있다.

말
레
이
시
아

말라카의 거리를 걸으면 한 편의 동화가 생각난다.
춤을 추는 마법에 걸린 구두를 신은 소녀가 있었다지.
말라카에서 내 신발은 걷는 마법에 걸렸다. 가지런한 건물의
숨결을 따라 건물과 도란도란 이야기를 나누며 하루 종일
걷는 마법. 그것은 참 기분 좋은 마법이었다.

말라카
MALAYSIA

## 저랑 잘란 단란 산책하실래요?
**말레이시아, 말라카**

무심코 펼쳤는데, 종이로 접은

예쁜 집들이 툭 튀어나오는 멜로디

입체카드를 받아 본 적이 있는지….

그런 기분이었다. 코란 경전 소리가

멜로디처럼 허공에 울려 퍼지는

가운데 예쁜 집들이 양옆으로

단아하게 늘어서 있고, 그 가운데로

그림처럼 유유히 흐르는 말라카 강이

한순간 눈앞에 펼쳐졌다.

## 버스에서
## 내려
## 말라카에

막 첫발을 내디뎠을 때, 마침 광장의 시계탑에서 정오를 알리는 종이 울렸다. 그 종소리는 붉은 마을에 도착했음을 알리는 신호 같았다. 붉은 시계탑, 붉은 스타더이스Stadthuys, 붉은 예수교회Christ Church, 길 건너 관광청사무소Tourism Melaka까지 온통 붉은색의 건물들이 나를 에워싸고 있었다. 정확하게 말하면, 진한 분홍색과 흐린 갈색의 중간쯤이니 홍토색이라고 해두자. 시계탑 옆으로는 자전거를 개조한 삼륜차들이 서커스 퍼레이드라도 하듯 울긋불긋한 조화로 야단스럽게 장식된 채 줄지어 있었다.

현기증이 날 정도로 더운 날씨였다. 광장 한가운데에 있는 분수대에서 햇빛을 받은 물이 반짝이며 뿜어져 나오고 있었다. 분수대 기둥에는 '위대한 빅토리아 여왕(1837·1901)을 기념하며 1904년 말라카 사람들에 의해 건립'이라는 문구가 새겨져 있었다. 그 아래 조각된 빅토리아 여왕의 옆얼굴이 이 땅이 영국의 식민지였다는 사실을 새삼 상기시켰다.

　현기증이 나는 건 더위보다도 허기 때문이라는 생각이 들어 일단은 뭘 먹기로 했다. 평일 한낮의 구시가지는 지나는 사람을 셀 수 있을 정도로 한산했다. 차이나타운으로 들어서는데, 이번에는 이슬람 경전인 코란Koran의 기도문이 울려 퍼졌다. 무슬림들이 의무적으로 하루에 다섯 번 기도하는 예배, 살랏Salat 시간인 모양이다. 확성기 소리가 크게 울리는 것으로 보아 모스크는 가까운 곳에 있는 듯했다.

거리를 가득 메운 기도 소리가 오래전 두바이Dubai에서의 기억을 불러일으켰다. 한 식당에 들어가 막 자리에 앉았는데 지금처럼 무슬림의 정오 기도가 시작되었다. 신실한 무슬림 주인은 주문을 받다 말고 갑자기 식당 문을 닫고는 기도를 시작했다. 꼬르륵거리는 배를 쥐어 잡고 한동안 식당에 갇혀 배고팠던 기억. 그 뒤로 조건반사가 형성되었다. 파블로프의 개는 종이 울리면 침을 흘리지만, 나는 코란 경전 소리를 들으면 배가 고프다. 아무래도 기도가 끝날 때까지는 어디서든 밥을 먹기 힘들겠다 싶어 강변 쪽으로 발길을 돌렸다.

무심코 펼쳤는데, 종이로 접은 예쁜 집들이 툭 튀어나오는 멜로디 입체카드를 받아 본 적이 있는지…. 그런 기분이었다. 코란 경전 소리가 멜로디처럼 허공에 울려 퍼지는 가운데 예쁜 집들이 양옆으로 단아하게 늘어서 있고, 그 가운데로 그림처럼 유유히 흐르는 말라카 강이 눈앞에 펼쳐졌다.

말라카 강은 말레이시아의 오래된 이야기가 시작되는 곳이다. 역사학자들은 아직까지도 말라카가 세워진 정확한 연도를 밝혀내지 못하고 있다. 대신, 말라카 강을 따라 전설적인 이야기가 전해 내려온다. 수마트라 남부의 작은 힌두교 왕국의 왕자이자 해적 출신이었던 파라메스와라Parameswara가 한적한 이 어촌마을에 도착한 것은 14세기 말쯤이라고 한다. 뛰어난 항해가였던 그는 한눈에 항구의 이상적인 조건을 갖춘 곳이라는 것을 알아차리고는 이곳에 말라카 왕국을 세웠다(기보다는 차지했다). 그때 그가 말라카나무 아래에 앉아 있어서 이름을 말라카라고 지었다나.

말라카는 중국과 인도의 중간쯤 위치한 데다, 인도네시아의 섬들과 가까워 말라카 해협을 오가는 상인들을 통해 물자를 조달하는 항구로 금세 유명해졌다. 말라카 왕국이 해상국가로 번성하게 되자 파라메스와라는 명나라 황제에게 교역 조건을 유리하게 해 주는 대신, 위협스러운 존재인 타이족(지금의 태국)으로부터 자국을 보호해 줄 것을 요청한다. 중국인들은 이때부터 말레이시

아에 오게 된다. 인도 무역선은 후추와 직물을, 중국 무역선은 도자기와 비단을 싣고 와 말라카의 금속과 향신료로 바꿔 갔다.

15세기에는 이곳을 통해 유럽에도 향신료가 전달되었는데, 유럽인들이 향신료에 열광하자 포르투갈 사람들은 인도와 아라비아 교역로인 말라카를 수중에 넣겠다는 계획을 세운다. 그리하여 말레이시아는 포르투갈을 필두로 네덜란드, 영국, 일본 등에 의해 수백 년에 걸친 식민지 시대를 맞게 된다. 2차 세계대전 후 수립된 말라야Malaya 연방이 말레이시아 독립운동의 도화선이 되어 1963년, 마침내 오늘의 말레이시아가 탄생되었다.

말레이시아는 현대 독립국으로서의 역사는 짧지만, 고대 말레이 반도의 역사로 인해 말레이인, 중국인, 인도인이 주축이 되어 조화를 이루며 살아가고 있다. 그렇다 보니 국교는 이슬람이지만 중국계 사람들의 불교, 유교, 도교와 인도계 사람들의 힌두교, 시크교, 기독교가 혼합되어 말레이시아 달력은 일년 내내 종교 축제로 가득하다. 종교적 관용이라는 말이 이렇게 실감 나는 곳도 드물 것이다. 중국인들의 음력설, 힌두교인들의 디파발리Deepavali, 이슬람교인들의 하리라야 푸아사Hari Raya Puasa, 불교인들의 관세음보살 탄신일, 기독교인들의 크리스마스가 모두 그저 하나의 축제다. 각자 뚜렷한 종교와 문화를 가지면서도 강한 공동체로 묶여 있는 것이 이방인인 나의 눈에는 마냥 신기할 따름인데, 그런 혼합된 분위기를 가장 잘 느낄 수 있는 곳이 말레이시아의 고도古都인 이곳 말라카다.

물론 이곳이라고 인종 간, 문화 간의 잡음과 긴장이 없었을까마는 그럼에도 불구하고 강마을 사람들에게는 여유로운 삶을 중시하는 해안 도시 특유의 정서가 배어 있다. 물처럼 유연하게 사고하고, 물처럼 포용하며 살아가는 사람들에게는 교회의 종소리와 모스크의 코란 경전 소리가 섞여 울려 퍼져도 전혀 이상할 게 없는 것이다. 모든 것이 너무나 자연스럽고 태연하다. 역사를 따라 주인이 여러 번 바뀌었을 말라카 강도 아무렇지 않다는 듯이, 아무 일도 없었다는 듯이 태연하게 흐르고 있다.

❧

잘란Jalan은 말레이시아어로 '길, 거리'란 뜻이다. 잘란 코타Jln. Kota라고 하면 코타 거리를 뜻하는 거라고 숙소 종업원이 알려 주었다. 인도네시아어로도 잘란은 '길'이란 뜻이다. 말레이시아어는 재밌게도 영어 발음대로 된 단어가 많다. 전부 그런 건 아니지만 예를 들어 티켓은 말레이시아어로 티켓Tiket, 카드는 카드Kad, 커피는 코피Kopi, 레스토랑은 레스토란Restoran, 택시는 텍시Teksi, 버스는 바스Bas와 같은 식이다. 받아 적으며 재밌어 하자 종업원은 생각날 때마다 영단어와 비슷한 말들을 알려 주었다.

내가 외출할 때면 늘 "잘란 잘란 하러 가는 거야?" 하고 물었다. 잘란은 한 번 쓰이면 길을 뜻하지만, '잘란 잘란'이라고 하면 '걷다, 산책하다'라는 뜻이 된다고 했다.

말라카는 잘란 잘란 하기에 정말 좋은 곳이다. 말라카는 동남아에서 2차 세계대전 이전에 지어진 건물들이 가장 많이 밀집되어 있다. 당시의 건물들이 잘 보존되어 있는 구시가지인 차이나타운은 2008년에 유네스코 세계문화유산으로 지정되기도 했다. 고대 건축물 전시장 같은 골목을 기웃거리며 고색창연한 건물에 얽힌 흥미로운 이야깃거리를 듣고 그 시절을 상상하는 일은 즐겁다. 건물마다 중국어와 영어가 나란히 적힌 간판이 걸려 있는 것도 독특하지만, 한 거리에 불교 사원, 모스크, 힌두 사원이 나란히 있는 모습은 더없이 이색적이다. 찻집에 앉아 노인들이 한담을 나누는 골목 풍경은 사랑스럽기도 하다. 그러니 매일 잘란 잘란 하지 않을 수가 없는 것이다.

말라카에서 나는 꽤 괜찮은 도보 코스를 발견했다. 아니, 원래 있던 길이니 사실 발견이랄 것도 없다. 관광청사무소에서 무료로 주는 지도가 성에 안 차 내 맘에 드는 지도를 찾아냈다. 신문지만 한 지도에는 건물마다 꼼꼼하게 번호를 매겨 관련된 역사가 소개되어 있었는데, 나는 그 지도를 들고 건물을 찾아다니며 골목을 누빌 뿐이다.

나는 내가 즐겨 가는 길을 〈잘란 단란Jln. 淡然〉 코스라고 이름 지었다. 한자로 '욕심 없이 깨끗하다'는 뜻의 담연처럼, 담담하고 태연하게 걷는 길이라고 해석도 멋대로 갖다 붙였다. 담연은 중국어로 발음하면 '단란'으로 읽히고, 걷다 보면 정말 단란해질지도 모르고, 발음은 '잘란 단란'으로 나니 운율도 경쾌하고 기타 등등 이것저것 고심해서 지었다…기보다는 즉흥적으로 걷다가 생각해 냈다.

혹 이 글을 읽고 말라카를 여행할 누군가를 위해 〈잘란 단란〉 코스를 소개한다. 어디까지나 이것은 철저히 코스 개발자의 '내 멋대로 취향'임을 밝힌다.

〈잘란 단란〉 코스는 1, 2부로 나뉘는데, 먼저 '1부 차이나타운China Town'을 소개한다. 구시가지의 초입은 메인 로드인 존커 스트리트Jonker Street가 시작되는 길이다. 여기에서 왼편으로 고개를 돌리면 길모퉁이에 헤렌하우스Heeren House라는 상점을 겸한 게스드하우스가 있는데, 맘에 드는 지도는 이곳에서 구입한 것이다!

헤렌하우스 뒤편의, 잘란 툰탄챙록Jln. Tun Tan Cheng Lock은 20세기 무역상들의 가옥이 복원되어 있는 흥미로운 길인데 가장 볼만한 곳은 단연코 바바노냐 헤리티지 박물관Baba-Nonya Heritage Museum이다. 입장하기 전에 '프라나칸Peranakan'이란 말을 이해해야 한다. 프라나칸은 말레이시아를 이해하는 중요한 키워드로, 16세기에 말레이족 여인들과 결혼한 중국인들의 후손을 지칭하는 말이다. 다른 말로는 '바바노냐'라고 하는데, 프라나칸 말로 '바바'는 남성을, '노냐'는 여성을 의미한다. 이들은 부계인 중국의 종교와 성을 가지면서 모계인 말레이족의 관습과 언어를 따랐다. 이들 중에는 상당히 부유한 상인들이 많았는데 박물관에 진열된 멋들어진 고가구와 자수를 놓은 의복, 화려한 장신구 등으로 당시의 생활상을 엿볼 수 있다. 그 옆의 말라카 하우스Malaqa House 역시 프라나칸 가옥으로 옛 물건들을 볼 수 있다.

   길을 계속 걸어 왼편으로 눈에 띄는 매우 고전적이면서도 화려한 개인 소유의 저택 치 맨션Chee's Mansion을 구경한(밖에서만) 다음, 그 옆으로 조금 걸어가 바바 하우스Baba House에서 잠시 티타임을 갖는다. 바바 하우스 역시 말라카의 전통가옥이다. 게스트하우스로 사용되고 있는데 이곳의 야외 테이블은 지나는 사람들을 구경하기에 좋다. 맞은편 도교신을 모신 사당 영춘회관永春會館 앞의 돌기둥에 새겨진 용 조각을 한 번 쓱 만지고는 문에 새겨진 한자를 읽어 본다.

   말라카의 상점, 호텔, 찻집, 식당 등에는 한자 간판이 많다. 집 대문과 담벼락에도 종종 사자성어가 적혀 있다. '海福壽山. 복을 불러오는 바다, 장수를 가져오는 산이라니, 좋은 뜻이군.' 이런 식으로 한자를 나름대로 해석하면서 골목을 걷는 것이 또 하나의 즐거움이다.

   영춘회관에서 오른쪽으로 돌아 내려가면 사원 거리인 잘란 투캉Jln. Tukang이 나온다. 여기에서는 텍키옹 사원Wah Teck Kiong Temple 2층에서 내려다보는 거리 전경이 좋다. 사원 거리에는 가짜 종이 돈, 금색 종이, 빨간 천, 향 등 제사 물건을 파는 상점들이 모여 있다. 조금 걸어가면 오른편으로 말레이시아에서 가장 오래된 불교 사원이자 뛰어난 복원 기술로 유네스코 특별상을 수상한 쳉훈텡 사원Cheng Hoon Teng Temple이 있다. 이어서 수마트라 초기 모스크의 전형을 보여 주는 마스짓 캄풍클링Masjid Kampung Kling 이슬람 사원이, 조금 더 가면 말레이시아에서 지어진 초기 힌두교 사원인 스리 포야타 베나야가르 무르티 사원Sri Poyatha Venayagar Moorthi Temple이 있다. 이렇게 차이나타운 구시가지를 한 바퀴 빙 돌고 나면 맨 처음 출발한 초입에 다시 서게 된다. 이제 가장 중요한 것이 남았다. 초입 오른편의 상점에서 파는 중독성 강한 두리안빙수를 한 그릇 먹는 것. 그러고 나면 1부 산책이 끝난다.

다리를 건너 이번에는 '2부 세인트 폴 언덕Bukit St. Paul' 산책이다. 붉은 건물이 가득한 이 시계탑 광장은 네덜란드 광장Dutch Square이라고도 불린다. 말라카에 도착했을 때 온통 붉은빛으로 나를 놀라게 했던 이 광장의 건물들은 본디 모두 흰색이었다고 한다. 벽돌은 라테라이트Laterite, 즉 홍토 벽돌로 지어졌는데 흰 페인트칠이 벗겨지고 관리가 어려워지자 영국 식민지 시절에 벽돌색과 비슷한 붉은색으로 모두 칠했다. 광장에서 가장 눈에 띄는 스타더이스Stadthuys는 네덜란드 식민지 시대 건축의 전형으로 동양에 있는 가장 오래된 네덜란드 건축물이다. 현재는 역사박물관으로 사용되고 있는데, 앞서 소개한 말라카의 역사가 그림으로 기록되어 있다.

스타더이스 뒤에 있는 계단을 따라 성바울 교회St. Paul's Church 유적지로 간다. 성바울 교회는 포르투갈 선장이 세운 교회로 말라카 항구가 한눈에 내려다보인다. 나는 여기에서는 좀 긴 휴식을 취한다. 나무와 그늘이 많아 쉬기 좋은데, 여기 앉아 있으면 수학여행 온 말레이시아 중학생들에게 어느 나라에서 왔냐는 질문을 평균 3번 정도는 받게 된다. 한국에서 왔다고 할 때마다 "웰컴 투 말라카!" 하며 수줍게 웃는 학생들 때문에 나는 몇 번이나 마음이 뭉클해졌다. 마을을 내려다보고 있는 동상 앞으로 산티아고 요새Porta De Santiago로 내려가는 계단이 있다. 산티아고 요새를 한 바퀴 돌고, 옆으로 연결된 길을 따라 목조 건물로 지어진 술탄 왕궁Sultanata Palace으로 간다. 조금 더 걷고 싶은 날은 강변 쪽으로 걸어가 해양박물관에서 코스를 끝내기도 한다. 그러면 〈잘란 단란〉 산책이 완벽하게 끝이 난다.

나는 이 코스를 어느 날은 걷고, 어느 날은 유치찬란한 조화로 장식된 삼륜자전거인 트라이쇼Trishaw를 타고 달렸다. 물론 입장료를 내는 곳은 한 번이면 충분하므로 두 번 들어가지는 않았다.

아, 보너스로 '3부 밤마실'도 짧게 소개하자면, 해가 지면 무조건 구시가지로 나가는 것이 옳다. 낮에는 텅 비었던 거리가 밤이 되면 사람들이 어디 숨어 있다가 뛰쳐나오는지 활기가 넘친다. 특히 프라나칸 요리를 파는 간이 포장마차들이 요리 경연대회라도 펼치듯 한데 모여 음식을 만들어 낸다. 주말 저녁은 분위기가 더욱 뜨겁다. 차이나타운 초입에 일명 '코코넛 쿵푸 선생'이 등장해 손가락 하나로 코코넛을 뚫는 놀라운 묘기를 선보인다. 물론 쇼 뒤에는 항상 뭔가가 있기 마련. 상처에 특효약이라는 오일이 연이어 판매되지만, 코코넛을 뚫는 것만큼은 사실이다!

마지막으로 〈잘란 단란〉 코스 개발자로서 노파심에 한마디 덧붙이면, 그럴 리 없겠지만 코스를 따라가다 길을 잃었다고 해서 처음부터 다시 시작하는 일은 없기를. 이 길인가, 저 길인가 하며 기웃거리다가 접어든 그 골목에도 틀림없이 흥미로운 무언가가 당신을 기다리고 있을 것이므로.

그러니 부디, 길을 잃기를….

### 말라카의 잊지 못할 아침 식당

차이나타운에서는 아침 8~9시가 되면 아침 식사가 가능한 카페와 식당들이 문을 연다. 말레이시아 식은 물론, 서양식 아침 식사나 샐러드, 브라우니 등도 먹을 수 있다. 숙소 종업원이 추천해서 가게 된 '로우 용 모우Low Yong Mow' 식당은 차이나타운에서 매우 유명한 곳이었다. 아마 차이나타운에서 가장 일찍 아침을 먹을 수 있는 곳일 것이다. 7시에 가도 이미 식당의 반 이상이 사람들로 꽉 차 있었다. 다진 돼지고기를 넣은 찐빵 빠오즈包子를 기본으로 하나 시키고, 딤섬류와 반찬을 입맛대로 골라 먹는다. 먹은 접시대로 돈을 내는데 값도 저렴한 데다 맛도 일품이어서 이곳에 가면 늘 아침부터 과식을 하게 된다.

 **INFORMATION**

## 말라카를 여행하는 법

### 말라카로 가는 방법
쿠알라룸푸르 국제공항에서 말라카 행 버스가 수시로 출발한다. 3시간 소요된다.

### 말라카에서 놓치지 말아야 할 특별한 맛
다문화적인 나라이다 보니 말라카의 음식 역시 매우 다국적이다. 각 나라의 음식들이 말라카에 와서 말라카 식의 새로운 음식으로 변형, 개발되었다. 그중에서 꼭 먹어 봐야 할 음식은 프라나칸 요리인 락사(Laksa)다. 이는 말라카 전통 국수 요리로, 칠리와 코코넛밀크가 들어간 국물이 매콤한 듯 고소하고 부드럽다. 사타이 첼룹(Satay Celup)이라고 하는 말라카식 사태 스팀보트는 두부, 소시지, 닭고기, 해산물, 채소 등을 끼운 꼬치를 탕에 담가 익혀 먹는 것이다. 재료는 취향대로 고를 수 있으며, 탕의 맛은 자극적이지 않고 담백하다. 차이나타운에서 사람들이 길게 줄을 서 있는 식당은 주로 치킨 라이스볼(Chicken Rice Ball)을 파는 식당이다. 말라카식 중국 요리인데 탁구공 크기로 빚은 밥과 함께 나온다. 뛰어난 맛이라기보다는 이런 맛도 있구나 하는, 말라카의 지역 음식을 이해하는 차원에서 맛을 부도록.

### 말라카 강의 리버 크루즈
산티아고 요새 앞에 있는 해양박물관을 돌아가면 선착장이 있다. 이곳에서 말라카 강의 리버 크루즈를 탈 수 있다. 유람선은 강을 따라 9km를 올라간다. 약 40분간 진행되는 유람선 여행은 주로 관광객들이 이용하는데 시원한 강바람을 맞으며 강변의 풍경을 만끽하기에 좋다. 말라카의 역사가 안내방송으로 나온다.

### 말라카의 도보순례 마지막 코스, 마사지
좀 과하게 걸었다 싶은 날은 발 마사지를 받아보자. 푸투오 전통 중국의료테라피센터(Putuo Traditonal Chinese Medical Therapy Centre)는 가격에 비해 기술이 좋고 훌륭한 서비스를 제공한다. 전신 기 마사지를 받을 수도 있다. 존커 스트리트에 위치해 있다.

## 말레이시아 여행 필수정보

### 여행하기 좋은 시기
말레이시아는 열대성 기후로 일 년 내내 몹시 덥고 습하다. 연평균 기온이 21~32℃ 사이다. 2~8월은 건기, 9~11월은 우기로 나뉘지만, 건기와 우기의 온도차가 크지 않다. 언제 찾아가도 고온다습하다고 보면 된다.

### 말레이시아로 가는 방법
인천에서 말레이시아의 수도인 쿠알라룸푸르까지 대한항공, 아시아나항공, 말레이시아항공이 직항편을 운항한다. 직항은 6시간 50분 소요된다.

### 비자
말레이시아는 무비자로 90일 동안 여행할 수 있다.

# 태
# 국

한 번을 만나도 십 년 된 것 같은 믿음직함으로, 십 년을 만나도 처음 만난 것 같은 설렘으로 다가오는 친구, 태국은 그런 듬직한 친구 같은 곳이다. 북부의 수수한 자연은 허물을 감싸주듯 포근하고, 남부의 평온한 해안은 걱정거리를 들어 주는 친구처럼 편안하다. 그런 축복 같은 친구다.

# Do nothing in Pai
**태국, 빠이**

빠이는 할 것이 하나도 없다는 게 더없이
매력적이었다. '언젠가 조용히 숨고 싶을
때는 이곳으로 와야지.' 하는 생각을
하면서 대낮에 맥주에 얼음을 넣어
마시며 하루하루를 보냈다.
그것은 참으로 괜찮은 기분이었다.

## 13년 전,
## 12월
## 말이었다.

치앙마이Chiang Mai에서 태국 가이드북을 쓴 태국 전문가이자 친구인 A를 만났다. 시점을 비교적 정확하게 기억하는 것은 그해에는 공교롭게도 태국 북부를 몇 차례 들락거릴 일이 있었고, 연말에는 치앙마이에서 어디로 이동하느냐에 따라 다가올 새해 첫날을 보낼 곳이 정해지기 때문이었다.

애초에는 매홍쏜Mae Hong Son으로 갈 생각이었다. TV 다큐멘터리에서 여러 번 보았던, 그러나 여전히 믿기 어려운 롱 넥 빌리지Long Neck Village가 있는 곳. 황동으로 만든 목걸이를 해마다 하나씩 끼어 넣어 목이 사슴처럼 길게 늘어난 여인들이 사는 그 마을에 갈 계획이었다. 그런데 내 계획을 무심히 듣고 있던 A가 한마디 했다. 정초부터 그런 곳은 너무 우울하지 않겠냐고. 그러니 빠이Pai에 가 보라고. 늘 그렇듯이 A는 그곳에 대해 별다른 설명을 하지 않았다. 그래서 나는 1월 1일에 도착했던 빠이를 기억하는 것이다.

빠이는 처음 듣는 곳이었다. 지금은 여행자들의 입소문으로 여행안내서나 여행 잡지를 통해 유명해졌지만, 당시에는 어디에도 제대로 소개되지 않은 상태였다. 빠이는 거리 상으로 치앙마이와 매홍쏜의 중간에 위치해 있었다. 그것이 정보라면 유일한 정보였다.

공터 같은 빠이 버스터미널에 내렸을 때, 여행의 흐름이 뚝 끊기는 기분이었다. 그것은 앞에 펼쳐진 아주 아무것도 아닌 평범한 시골 풍경 때문이었다.

흙길로 된 좁은 도로에는 낮은 단층 건물 몇 채가 듬성듬성 마주하고 있었다. 건물이라기보단 오두막처럼 뾰족한 지붕을 올린 빈티지스러운 집들이었다. 그 뒤로 논과 밭이 넓게 펼쳐진 전형적인 시골 마을이었다.

1월이면 태국 여행 시즌의 초성수기이건만 빠이의 거리는 텅 비어 몹시 한산했다. 강변 옆의 그럴 듯해 보이는 방갈로에 짐을 풀었다. 멀리서 볼 때는 꽤 운치 있어 보였는데 가까이서 보니 대나무와 수수깡 같은 것으로 얼기설기 벽을 이은 허술하기 짝이 없는, 좋게 말하면 자연친화적인 방갈로였다. 숙소 주인은 모기장을 가져와 매트리스 위에 달아 주면서 며칠 머물지는 묻지도 않고, 체크아웃을 할 때 방값을 한꺼번에 계산하라고 했다. 알겠다고 말하고선 여행지에 가면 예나 지금이나 가장 먼저 하는 일, 자전거를 빌리러 갔다. 자전거 열쇠를 달라고 하자, 자전거포 주인은 아무도 안 가져가니 아무 데나 세워 놓으라고 했다. 하긴, 가져갈 사람도 없어 보였다. 대체로 마을 사람들은 불친절하지는 않았으나 여행자들에게 무관심해 보였는데, 오히려 그것이 마음을 편하게 했다.

마을 중심에는 개인 작업실을 겸한 상점이 몇 곳 있었다. 그림, 액자, 엽서를 파는 상점과 고산족이 만든 견직물 옷가게, 실과 가죽으로 만든 장신구 등을 파는 액세서리 상점이었는데, 크게 장사가 될 것 같지는 않았다.

마을의 식당은 갈 때마다 한산했다. 늦게 문을 여는 것도, 차림표에 적힌 메뉴 중에 되는 것보다 안 되는 메뉴가 더 많은 것도 이해할 수 있었지만, 손님 하나 없는 식당에서 음식이 늦게 나오는 건 참 의아했다. 하지만 식후 마시던 얼음 가득 넣은 냉커피는 어찌나 진하고 달달하던지 모든 불만을 잊게 만들었다. 빠이의 식당들은 하나같이 올드 팝을 틀어 대고 있었는데, 그 늘어난 테이프의 음악을 듣고 있노라면 나까지 늘어질 대로 늘어지는, 될 대로 되라는 기분이 들었다.

예정 없이 불쑥 끼어든 스케줄이었던 빠이는 팽팽하게 잡고 있던 긴장의

끈을 툭 놓아 버리게 하는 곳이었다. 매홍쏜으로 가는 일정이 하루 이틀 늦춰지고 목이 긴 여인들도 점점 궁금하지 않았다. 빠이는 할 것이 하나도 없다는 게 더없이 매력적이었다. '언젠가 조용히 숨고 싶을 땐 이곳으로 와야지.' 하는 생각을 하면서 대낮에 맥주에 얼음을 넣어 마시며 하루하루를 보냈다. 이래도 괜찮은 건가 생각이 들기도 했지만, 실제로 빠이에서는 할 것이 아무것도 없기 때문에 뭔가를 꼭 봐야 하거나 해야 하는 여행자의 알량한 의무감 같은 건 들지 않았다. 그것은 참으로 괜찮은 기분이었다.

그 뒤로, 그러니까 강산이 한 번 크게 변하고도 남을 시간 동안 빠이를 가지 못했다. 가지 않았다는 말이 더 정확할 것이다. 숨고 싶지 않은 적이 없어서가 아니다. 들려오는 빠이의 이야기 때문에 사실은 애써 외면하고 있었다. 빠이가 예전 같지 않다는 소리도 들렸고, 물론 빠이가 너무 사랑스럽다는 소리도 들렸다. A는 빠이가 '변심한 애인' 같다고 했다. 변심한 애인이라…. 그 이야기를 듣고 빠이로 가는 길이 오히려 조금 설렜다. 원래 변심한 애인은 우연이라도 안 만나는 것이 좋긴 한데, 어쩌면 나는 그 변심이라는 것을 확인하고 싶었던 것 같다. 빠이는 나에게도 너무 아련한 기억으로 남아 있는 곳이기 때문에.

치앙마이에서 빠이로 가는 길은 뭔가 예전과 조금 다른 듯했다. 여전히 대관령 가는 길처럼 구불구불한 무려 762개의 굽잇길을 지나긴 했지만 가는 길에 예쁜 펜션과 카페 휴게소가 눈에 띄었다. 놀라운 것은 빠이의 매끄럽게 포장된 아스팔트와 신호등이었다. 아니, 이 조그만 산골 마을에 사람과 차가 얼마나 많다고 신호등까지… 하고 보니, 오토바이가 부쩍 많아졌다. 여행자들은 이제 자전거가 아니라 오토바이를 타고 다녔다. 오후가 되자 여행자들이 빠이의 워킹스트리트로 쏟아져 나왔다.

빠이를 가득 채운 사람들은 대충 이렇게 나뉘었다. 첫 번째는 원래 빠이에서 태어나고 자라서 살고 있는 빠이의 원주민들. 이들의 직업이 그 사이 농업에서 관광업으로 많이 바뀌었는지 모르겠지만 여전히 빠이의 핵심 구성원이다. 두 번째는 같은 태국 사람이지만 방콕 등의 도시에서 온 외지인들이다. 귀향하듯 온 이들은 대부분 카페나 식당, 게스트하우스 등을 열었다. 세 번째는 국내 여행객들. 태국 내 TV나 영화에 빠이가 소개되면서 주말에는 이제 외국인보다 국내 여행객이 더 많아졌다. 네 번째는 소문을 듣고 왔는지, 와 보니 좋아졌는지 모르지만 최소 3일부터 비자가 끝날 때까지 최대 3개월을 머무는 외국인 여행자들이다. 내가 묵던 방갈로(숙소 주인은 방콕 사람이었다)에도 한 한국인 부부가 매해 3개월씩 빠이에 와서 지내고 있었다.

마지막으로는 이렇게 한 번쯤 들렀던 장기 외국인 여행자들이 여러 가지 이유로 아예 기약 없이 눌러앉은 경우다. 이중에는 자신만의 작업을 하는 예술가도 있고, 카페나 숙소를 운영하는 이도 있고, 한적한 빠이가 좋아서 무작정 삶의 터전을 옮긴 이도 있다. 나 역시 여행 겸 이곳에 살고 계신 선배를 만나러 가는 길이었다. 선배의 이웃집에도 한 미국인 노인이 살고 있었는데, 빠이에는 이처럼 외국인들에게 임대할 목적으로 지어진 타운이 곳곳에 형성되어 있다.

사람이 모여드니 당연히 맛있는 식당도 넘쳐난다. 다국적인 음식은 말할 것도 없고, 이제 어디서도 늘어진 테이프의 음악 소리는 들리지 않는다. 대신 트랜스 음악과 라이브 공연이 열린다. 프리마 가득 탄 커피에 얼음을 동동 띄운 커피가 아니라, 에스프레소 기계에서 갓 뽑아낸 신선한 커피의 향기가 후각을 자극한다. 밤마다 쥐가 지붕을 갉아 먹는 소리 때문에 잠 못 이뤘던 허름한 방갈로도 이제 찾아보기 어렵다. 어지간한 숙소에서는 무선 인터넷이 연결되고, 에어컨이 빵빵하게 돌아간다. 수영장이 딸린 리조트와 부티크 호텔도 생겨났다.

무엇보다 아무것도 할 것이 없는 빠이에서 투어 프로그램을 만들어 낸 여행사가 가장 놀랍다. 온천을 한다기보다는 구경 가는 것으로 더 적합한 타빠이 핫스프링Tha Pai Hotspring, 광활하다기보다는 아늑한 빠이 캐니언Pai Canyon, 폭포 자체보다는 오가는 길의 풍경이 더 괜찮은 머빵 폭포Mo Paeng Waterfall, 큰 감흥 없는 전형적인 태국 사원 왓남후Wat Namhoo, 일부러 찾아가기엔 조금 심심한 타빠이 철교Tha Pai Bridge, 빠이의 중국인 마을 반싼티촌Ban Santichon…. 여기에 난이도가 낮은 래프팅과 고산족 마을을 다녀오는 트레킹까지 있다.

혼자 설렁설렁 돌아볼 수 있는 것을 이렇게 묶어서 시티 프로그램으로 만들고, 크게 흥미롭지 않은 것을 엮어 체험 프로그램을 만들다니 암만 생각해도 대단하다. 그러나 다행스러운(?) 것은 이 모든 것들이 가슴 벅찬 감동을 불러일으킬 만큼 짜릿하고 대단한 것들이 아니라는 사실이다. 해도 그만이고 안 해도 그만인 부담 없는 것들이다. 오히려 뭔가를 하면 할수록 시시하다는 생각이 들고, 하다 보면 입가에 피식 웃음이 맴돈다. 어쩌겠는가. 이것이 빠이의 매력인 것을.

십 년이 지나도 변하지 않는 것

58130, 빠이의 우편번호

762, 치앙마이에서 빠이까지의 굽잇길 수

그리고 빠이의 명물, 안개….

빠이에 래프팅이나 트레킹을 하러 일부러 오는 여행자는 없을 것이다. 그것은 외국인이 서울을 여행하는 이유가 남산 케이블카를 타고 한강 유람선을 타기 위해서라는 것과 같은 이치다. 빠이의 겉모습이 변한 건 사실이지만 아무것도 안 해도 되고, 딱히 할 것이 없다는 것은 이렇듯 여전하다. 이것은 별것 아닌 것 같으면서도 또 별스럽다. 누군가의 옛사랑이 지금은 또 다른 누군가의 사랑이 되는 것처럼 태연한 일이기도 하다.

빠이 거리에서 파는 기념엽서에는 잠언 같은 문구가 흔하게 프린트되어 있다.

"Do nothing in Pai!"

이것만이 빠이에서 유일하게 할 일인 것이다.

**빠이의 잊지 못할 방갈로**

일부러 시내에서 3km 떨어진 반남후 사원 근처에 숙소를 잡았다. 시내 강변 옆으로 분위기 있는 방갈로도 많이 있지만 아무래도 외곽의 숙소는 조용한 데다 한적한 산과 논의 풍경이 한눈에 들어오고, 정원도 넓어서다. 주변 환경에 연연하는 이유는 빠이에서는 숙소에서 보내는 시간이 많기 때문이다. 이런 숙소들에는 넓은 정원에 오두막과 평상이 있어 그야말로 제대로 빈둥거리기 좋다. 오토바이나 자전거를 렌트하지 않아도 3km 정도는 슬슬 운동 삼아 걸을 만하다. 시내까지 걸어 나가기만 하면, 노란 조끼를 입은 오토바이 기사가 있으니 돌아오는 길은 크게 문제 될 건 없다.

# INFORMATION

## 빠이를 여행하는 법

### 빠이로 가는 방법
치앙마이의 거의 모든 숙소와 여행사에서 빠이 행 버스표를 대행한다. 치앙마이-빠이는 버스로 3시간. 방콕에서 출발한다면 기차(12시간), 또는 버스(8시간)로 치앙마이까지 온 다음, 같은 방법으로 빠이로 이동하면 된다.

### 빠이에서 빈둥거리기
빠이의 카페는 다양하다. 강변 근처에는 논을 바라보기 좋은 운치 있는 방갈로 형태의 카페가 있고, 워킹스트리트 내에는 빠이 특유의 자유분방한 분위기가 물씬 풍기는 카페들이 있다. 등나무 돗자리 위에 앉은뱅이 테이블을 서너 개 갖춘 소박한 카페, 아티스트의 사진이나 미술작품으로 꾸며 놓은 아기자기한 갤러리 카페, 통나무를 잘라 대충 의자를 만들고 지나는 누구라도 편하게 앉을 수 있게 한 바(bar) 형태의 카페 등등. 낮에는 맘에 드는 카페를 골라 열대 과일주스를 마시며 시간을 보내 보자.

### 빠이의 명물이 되어버린 쏨땀
빠이에는 여행자들 사이에서 유명한 쏨땀 식당이 있다. 쏨땀은 원래 타이 동북부 지역의 전통 음식이지만 지금은 타이 전역에서 즐겨 먹는, 여행자들에게도 매우 대중적인 음식이다. 쏨땀은 어린 파파야를 채 썰어 절구통에 넣은 다음 타이고추와 마늘, 마른 새우, 토마토 등을 넣고 간을 한 뒤 살살 빻아 내놓는 파파야샐러드다. 찰밥과 함께 한 끼 식사로 간단히 먹기에 무난한데 양념의 정도에 따라 아주 매운 맛에서부터 순한 맛까지 다양하다. 데친 해산물을 넣은 '쏨땀 탈레', 게를 넣은 '쏨땀 푸' 정도는 보통 식당에서 흔히 볼 수 있는 메뉴인데 반해, 이 식당은 수십 가지의 다양한 쏨땀이 있다. 빠이 군청 맞은편에 있어 찾기도 쉽다. 이름도 군청 앞 쏨땀이라는 뜻의 '쏨땀 나 암퍼'다.

## 태국 여행 필수정보

### 여행하기 좋은 시기
태국 북부는 보통 5~10월을 우기, 11~4월을 건기로 구분한다. 여행하기 좋은 계절은 건기다. 북부 지역의 연평균 기온은 24.6℃. 12~2월은 낮에는 덥지만 아침저녁에는 10℃ 이하로 떨어지기도 한다. 한국과 같은 온도라도 살짝 더 춥게 느껴진다.

### 치앙마이로 가는 방법
인천에서 치앙마이까지 대한항공이 직항편을 운항한다. 직항은 5시간 55분 소요된다. 또는 방콕을 경유하여 치앙마이로 운항하는 타이항공도 있다.

### 비자
태국은 무비자로 90일 동안 여행할 수 있다.

# 안다만 해의 작은 파라다이스
### 태국, 꼬묵·꼬부론

원시적 아름다움을 좇는 사람들. 그러나

정작 그 사람들 때문에 아름다움을 간직하기란 또

얼마나 어려운 것인지.

이런 섬에서는 누구든 흔적을 남기지

않는 바람처럼 조용히 머물다 가야 한다고,

이런저런 생각이 마을을 걸을 때마다 들곤 했다.

'사람 없는
한적한 섬
없을까요?'

라고 A에게 메일을 보냈더니 30분 만에 '꼬묵Koh Mook으로 가시오.'라는 답장이 왔다. 지도에서 꼬묵을 찾아봤다. 태국 남부 뜨랑Trang 옆의 보일락 말락 한 작은 섬이었다. 무인도가 아니고서야 사람 없는 섬이 어디 있을까마는 A는 내가 개떡같이 말해도 찰떡같이 알아듣는 친구였다. 메일 끄트머리에는 '어쩌면 꼬묵 근처에 있는 꼬부론Koh Bulone을 좋아할지도 모르겠다.'라는 말도 덧붙여 놓았다.

A가 태국 가이드북을 쓴 태국 전문가이기도 하지만, 나를 잘 아는 친구이기도 해서 한 치의 고민 없이 일단 뜨랑 행 열차에 올랐다. 뜨랑 기차역 앞 여행사에는 섬의 행선지를 써 놓은 보조 간판이 걸려 있었는데, 맨 밑에 조그맣게 꼬묵이라고 적혀 있었다. 잠시 후, 꼬묵의 선착장까지 데려다줄 미니밴이 도착했다. 10인승 승합차에 승객은 나 혼자였다. 선착장에서 운전기사는 나를 보트맨에게 인수인계했다. 배 역시 전세 낸 듯 혼자 탔다. 배표와 숙소를 예약하는 몇몇 여행자를 보긴 했으나 모두 다른 섬으로 가는 모양이었다.

꼬묵 선착장에 내리자 이번에는 예약한 숙소의 오토바이가 나와 대기하고 있었다. 마을을 가로질러 좌회전, 우회전, 기억할 수조차 없게 구불구불한 산길을 한참이나 달렸다. '아아, 이거 제대로 찾아온 거 같은데.' 하는 생각이 들기 시작했다.

섬의 숙소는 어디나 그렇지만, 바다가 보이는 해변에 있으면 비싸고 섬 안쪽이면 비교적 저렴하다. 예약한 숙소는 섬 안쪽 고무농장에 있었는데 하늘로 쭉쭉 뻗은 고무나무 사이로 방갈로 10여 채가 드문드문 지어져 있었다. 손님 없는 숙소의 식당에는 팝송을 리메이크한 태국 여가수의 나른한 목소리가 흐르고, 천장에는 팬이 박자를 맞추듯 돌아가고 있었다. 3월 말 성수기의 끝물이라서 그런지 종업원들은 약간 지쳐 보였다. 섬에서 일하는 젊은이들은 대부분 도시나 다른 지방 출신으로 시즌에만 섬에 들어와 일을 하고 돌아간다.

종업원은 예약자 명단에서 내 이름을 확인한 다음 한 손으로는 방 열쇠를, 다른 한 손으로는 방갈로 앞으로 난 샛길을 가리키며 무뚝뚝하게 말했다.

"비치는 저 길을 따라가면 됩니다."

"얼마나 걸리는데요?"

"걸어서 2분."

종업원은 더 물어보지 말라는 듯이, 더는 알려줄 것도 없다는 듯이 짤막하게 대답했다. 만사 귀찮다는 말투였는데, 불쾌하다기보다는 오히려 피식 웃음이 났다. 나도 같은 심정이었다. 지난 몇 달간 길 위에서 떠돌던 피곤함이 떼로 몰려온 터라 아무것도 하지 않으려고 섬으로 기어들어 온 것이니까.

종업원이 알려준 해변은 파랑 비치 Farang Beach였다. 섬의 서쪽이어서 해가 지는 풍경을 감상하기 좋은 곳이었다. 해변의 길이가 300m쯤 되려나. 식당 서너 개가 바다를 향해 있었다. 해 질 무렵이 되면 여행자들은 모래바닥에 숨어 있다가 기어 나오는 게처럼 해변 끝 절벽에 위치한 식당으로 하나둘 모여들었다. 태국 해변의 특성화된 메뉴 중 하나는 바비큐일 것이다. 그릴을 내어놓고 그 위에 해산물과 생선, 고기와 채소를 꽂은 꼬치 등을 올려 즉석에서 구워 주는 바비큐. 이곳은 바비큐에 맥주를 곁들이며 안다만 해로 뉘엿뉘엿 지는 노을을 바라보면서 한적한 하루를 마감하기에 더없이 좋은 장소였다.

섬의 동쪽에는 또 하나의 해변 씨왈라이 비치 Sivalai Beach가 있었다. 이곳에는 해변과 같은 이름의 고급 리조트가 해변을 독차지하고 있었다. 유난히 새하얀 모래, 그 위에 펼쳐 놓은 리조트의 흰 파라솔이 파란 하늘과 어우러져 이국적인 정취가 물씬 풍겼다. 파랑 비치가 햇볕에 살짝 그을린 수수한 시골 아가씨라면 씨왈라이 비치는 새하얀 피부의 새침한 도시 아가씨 같았다.

꼬묵에서의 주요 일과는 매일 아침 씨왈라이 비치까지 걸어갔다가 해 지기 전에 파랑 비치로 돌아오는 것이었다. 섬의 동쪽으로 가려면 구불구불한 산길을 지나 무슬림 어촌마을 Prachameesuk Village을 가로질러야 했다. 마을로 가는 길에는 고무농장에서 채취한 고무가 여기저기 빨래처럼 널어져 있었고, 곳곳에 쓰나미 대피 장소를 안내하는 푯말이 세워져 있었다. 마을에는 이발소, 병원, 초등학교, 식당, 옷가게, 과일 가게가 과하지 않게 딱 필요한 만큼만 있었다. 조개껍데기를 엮어 파는 흔한 기념품점 하나가 없었다. 꼬묵은 관광객을 위한 섬이 아닌 것이다. 태국의 여느 섬과는 다른 분위기가 상당히 인상적이었다.

태국 남부에는 아름다운 섬이 많다. 꼬묵의 북쪽에는 이미 신혼여행지로서 유명해질 대로 유명해진 피피 섬과 푸켓이 있다. 이렇게 이름난 섬들은 시간이 지나면 과도한 개발로 인해 원래의 매력을 잃어 가게 마련이다. 여행자들을 위해 시작된 개발이었으나 그로 인해 흥미를 잃은 여행자들은 또 다른 새로운 섬을 찾아 나선다.

최근에 여행자들은 꼬묵의 남쪽에 있는 '꼬리빼'라는 섬을 찾아내 그곳으로 몰려가고 있다는 이야기를 들었다. 원시적 아름다움을 좇는 사람들, 그러나 정작 그 사람들 때문에 아름다움을 간직하기란 또 얼마나 어려운 것인지. 그런 문제들을 고려하면 꼬묵은 균형을 잘 잡고 있는 섬이다. 물론 개발될 수 없는 섬의 여건 탓도 있겠지만 꼬묵 사람들은 적어도 모두 관광업에 매달리진 않으니까. 이런 섬에서는 누구든 흔적을 남기지 않는 바람처럼 조용히 머물다 가야 한다고, 이런저런 생각이 마을을 걸을 때마다 들곤 했다.

꼬묵에서 꼬부론까지는 스피드 보트로 2시간이 걸렸다. 보통은 1시간이지만 파도에 따라 배 시간은 가늠할 수 없는 것이기도 하다. 꼬부론 해변을 코앞에 두고 암초 때문에 배를 대지 못해 바다의 택시인 긴 꼬리 배Long-tail Boat로 갈아타야 했다. 꼬부론은 백사장을 따라 걸으면 둥글게 섬을 따라 돌게 되어 있었다. 해변에 내려 작은 공터와 경찰서(경찰관은 해먹 위에서 자고 있었다)를 지나자 반대편 해변에 다다랐다. 해변의 끝에서 끝까지 걸어서 10분이라니. 한눈에 봐도 아무것도 할 게 없어 보였다. A가 왜 이곳을 가이드북에 소개하지 않았는지, 왜 내가 이곳을 좋아할 거라고 했는지 짐작할 수 있었다.

섬 안쪽의 방갈로는 이미 문을 닫은 상태여서 얼떨결에 바다가 보이는 전망 좋은 리조트에 머물게 되었다. 섬 안의 여행자라고는 다 합쳐 봐야 열댓 명 될 것 같았다. 숙소 매니저의 얘기로는 이 섬은 1년에 6개월만 문을 연다고 했다. 11~4월까지만 문을 열고 5월부터는 철수를 한다는 것이다.

꼬부론 리조트의 조식은 조금 특별했다. 식빵 옆에는 토스터기 대신에 화로가 준비되어 있었는데, 숯을 피운 화로에 삼발이를 얹어 놓고 그 위에 빵을 올려 구웠다. 섬에 전기가 들어오는 시간은 저녁 6시에서 밤 10시까지. 그 외에는 정전이었다. 식당 벽에 걸린 마을의 지도를 들여다보고 있는데 한 백발 할아버지가 다가왔다. 섬을 둘러볼 거냐고 묻기에 그렇다고 했더니, "오케이, 10시에 리셉션에서 만나자." 하고는 휙 사라져 버렸다. 매니저가 할아버지를 가리키며 이 리조트에서 두 달째 머물고 있는 손님이라고 했다. 할아버지 외에도 서너 명의 여행자가 더 있었는데 모두 매니저와 친해 보였다. 해마다 이곳을 찾아오는 손님들이라고 했다.

할아버지는 정확히 9시 59분에 우산을 가지고 나타났다. 우산은 할아버지의 지팡이기도 했고, 뭘 가리키는 지시봉이기도 했다. 우산으로 이곳저곳을 가리키며 이 섬의 장기투숙자답게 마을에 대한 설명을 시작했다.

"이 섬은 아주 작아. 길을 잃을 염려가 없지. 30분이면 섬을 한 바퀴 다 돌아. 난 아침 먹고 늘 10시에 산책해. (공터의 한 집을 가리키며) 여기는 커피를 팔았는데 얼마 전에 문 닫고 시내로 나갔어. 이 공중전화는 작년에 처음 생겼지. 하지만 아직 국제전화는 안 걸려. (그 옆 경찰서를 가리키며) 아주 바쁜 경찰서야. 지구상에서 가장 바쁜 경찰서지."

경찰서의 문은 잠겨 있었다. 나도 어제 해먹에서 늘어지게 자는 경찰을 보았다. 할아버지의 독특한 반어법 유머였다. 섬 안쪽으로 들어서자 작은 방갈로가 몇 채 있었는데 매트리스와 모기장을 내어놓고 청소 중이었다. 다음 시즌을 위해 공사를 하는 곳도 있었다. 마을을 지나자 울창한 고무나무Rubber Tree 숲이 나타났다. 고무나무가 보기 좋게 양옆으로 길을 내고 있었다. 마을사람들이 낫을 들고 나무에 사선으로 상처를 내자, 우유처럼 흰 고무 원액이 패인 홈을 따라 흘러내렸다. 밑에 대어 둔 플라스틱으로 수액이 한 방울씩 똑똑 떨어졌다. 고무농장을 통과해 망고베이Mango Bay에 도착했다. 할아버지는 서너 채의 움막을 가리키며 바다집시들이 사는 집이라고 했다.

고무나무 숲을 되돌아 나와 모스크를 지날 때는 뜨랑에 살던 무슬림들이 이곳으로 옮겨 왔을 거라는 추측성 설명을 덧붙였다. 길을 따라 반대편으로 가니 맹그로브 나무가 어우러진 작은 해변이 펼쳐졌다. 이제 막 문을 연 해변 식당 아주머니에게 오늘 저녁은 무슨 생선이냐고 묻는 걸 보니 할아버지는 단골인 듯했다.

"저 아주머니의 음식 솜씨가 아주 좋아. 여기에서 소다를 한 잔 마시자."

목이 말랐던 참이었으나 마침 소다는 다 떨어졌다고 했다. 마을 입구로 돌아와 한 방갈로의 식당에 들어갔다. 이곳에서는 콜라밖에 없다고 했다. 사실 나는 콜라든 소다든 크게 상관없었다. 그때였다. 갑자기 할아버지가 벌떡 일어나더니 주방으로 향하는 것이 아닌가. 깜짝 놀라 급히 따라갔으나, 할아버지는

말릴 틈도 없이 주방의 아이스박스 뚜껑을 열어젖혔다. 그곳에는 큰 얼음덩이에 묻힌 소다가 있었다. 할아버지는 내 팔뚝을 잡아채고 나가자고 했다. 할아버지는 그 집 주방에 소다가 있는 걸 어떻게 알았을까? 그리고 저 사람은 소다가 있는데 왜 없다고 했을까? 할아버지는 소다를 진토닉에 넣어 칵테일로 밤에 파는 게 더 이익이기 때문일 거라고 했다. 그렇다고 그걸 직접 확인하다니….

세 번째 식당에서 드디어 소다와 얼음을 시켰다. 마을을 안내해 준 것이 고마워 소다를 사겠다고 하자, 할아버지는 으쓱하며 말했다.

"내가 가이드를 잘하긴 하지. 덕분에 이 동네 식당을 대충 파악했잖아?"

그날 뒤로 우리는 약속하지 않아도 아침 10시에 마을을 한 바퀴 돌고, 세 번째 식당에서 소다를 한 잔씩 마셨다. 그러면 오전이 지났다.

오후에는 주로 혼자 해변에서 시간을 보냈다. 어차피 정전이어서 숙소 안에서 뭘 할 수도 없었다. 커다란 타월을 한 장 들고 나가 해변에 벌렁 누웠다. 책을 읽다가, 자다가, 더우면 물속으로 들어가 앉았다 나오기를 몇 차례 반복하면 저녁이 되었다. 그렇게 놀다가 숙소로 돌아오면 할아버지는 정원에 있는 나무의자에 앉아 바다를 바라보고 있었다.

할아버지의 이름은 마틴. 실제 이름은 매우 기니까 그냥 마틴이라고 부르라고 했다. 하와이에서 작은 농장을 하고 있는데 동업자와 반년씩 돌아가면서 맡아 관리한다고 했다. 농장 일을 하지 않는 6개월은 주로 태국 북부에 있는 치앙라이의 한 호텔에 머문다. 그러다 북부 지역이 화전火田 농사가 시작되어 공기가 좋지 않을 때면 늘 이 섬으로 와서 2~3개월 정도를 지내는 것이었다. 집을 얻지 않고 호텔생활을 하는 이유를 할아버지는 이렇게 얘기했다.

"집 얻어서 사는 게 얼마나 피곤한지 알아? 신경 쓸 게 많잖아. 호텔이 훨씬 경제적이지. 신문도 보고 인터넷도 되고, 조식도 나오지. 피트니스 센터도 있잖아. 운동도 할 수 있고."

"아, 좋네요. 그런데 친구들이 놀러 오진 못하겠어요."

"친구?"

그리고 우리의 대화는 끊겼다.

마틴 할아버지는 80세였는데 그보다 훨씬 더 건강하고 젊어 보였다. 나의 할아버지는 내가 어렸을 때 돌아가셨다. 할아버지에 대한 기억이 거의 없는 나로서는 낯선 할아버지와 보내는 시간이 조금 어색했다. 더군다나 노란 눈의 하와이 할아버지라니. 할아버지와 마을을 산책하는 것은 즐겁기도 하면서 가끔은 피곤했다. 그건 세대 차이라기보다는 할아버지의 어떤 선입견 같은 것 때문이었다.

한번은 숙소 정원에서 책을 읽고 있는데, 할아버지가 무슨 책이냐고 물었다. 알베르 까뮈의 『이방인』과 장 그르니에의 『섬』이었다. 나는 여행을 갈 땐 새로운 책보다는 평소 좋아하는 책을 챙겨 간다. 낯선 여행지에서 익숙한 책을 읽으면 처음 읽는 것처럼 새롭게 읽히곤 했다. 그러다 귀국하기 전에는 한국인들이 가는 숙소나 식당에 부러 찾아가 놓고 오곤 한다.

책 표지에 Albert Camus, Jean Grenier라고 적힌 이름을 보고 할아버지는 이런 걸 한국어로 읽느냐며 깜짝 놀랐다. 내가 더 놀랐다. 할아버지, 지금 장난하세요, 한국은 뭐 번역가도 없는 줄 아세요. 차마 입 밖으로 말하진 않았지만 슬쩍 짜증이 났다.

할아버지는 한국을 여러 번 온 적이 있다고 했다. 그건 비행기가 경유하기 때문이었는데 공항 밖으로 나간 적은 한 번도 없다고 했다. 할아버지는 약간 까탈스럽고, 의심 많고, 걱정 많고, 겁이 많은 사람인 것 같았는데, 그건 그 연세의 할아버지는 모두 그런 건지, 유독 이 할아버지만 그런 건지, 평소 할아버지와는 대화를 해 볼 기회가 없어서 조금 헷갈렸다.

다음 날, 아침을 먹을 때 할아버지는 주춤주춤 복대에서 뭔가를 꺼냈다. 방콕에서 인천을 경유해 호놀룰루로 가는 항공권이었다. 방콕에서는 하와이로 가는 직항편이 없어서 한국이나 일본을 경유해야만 했다. 할아버지는 일본보다는 그래도 한국이 낫다고 생각한 모양이었다. 영문으로 된 팸플릿도 보여주었는데, 인천공항에서 경유하는 외국인들을 대상으로 하는 시티투어 프로그램이었다. 서울 시내 코스와 영종도 코스가 소개되어 있었다. 어느 코스가 좋은지 말해 달라며, "한국은 위험하지 않지?" 하고 슬쩍 내 눈치를 보며 물었다. 할아버지의 눈에 나는 위험한 나라에서 온 여행자였다. 팸플릿에 내 메일 주소를 적었다.

3개월 뒤, 인천공항에서 마틴 할아버지를 만났다. 할아버지는 방콕에서 밤 비행기를 타고 아침 일찍 인천에 도착해, 그날 밤 하와이로 돌아가야 했다. 덕수궁 대한문 앞에서 수문장 교대식을 잠깐 보고 인사동에서 비빔밥을 먹은 게 전부였다. 할아버지는 피곤했을 법도 한데 전혀 내색을 하지 않았다. 인천공항으로 가는 버스 안에서 할아버지가 다음엔 어디에서 만날까 하고 물었다.

"글쎄요. 다음에는 위험한 하와이에서 만나요!"

할아버지가 웃었다. 출국장으로 들어가는 할아버지의 뒷모습이 섬처럼 작아 보일 때까지 손을 흔들었다. 꼬부론을 떠날 때, 내가 탄 배가 바다 한가운데로 갈 때까지 할아버지가 손을 흔들던 그날처럼. 할아버지는 내년에도 아마 꼬부론 그 리조트에서 아침 10시가 되면 마을을 산책하고 있겠지. 혼자. 그런 생각을 하니 조금 쓸쓸해졌다.

**꼬묵에서 만난 잊지 못할 캠핑족**
하루는 배를 타고 나갔다가 사바이 비치Sabai Beach에서 한 브라질 부부를 만났다. 사바이 비치는 해변이 겨우 20m 정도 되는 아주 작은 해변이다. 당연히 숙소가 있을 리가 없다. 해변 뒤쪽은 울창한 밀림인데 이 부부는 바로 그곳에서 캠핑을 하고 있었다. 텐트 장비를 갖고 아시아를 캠핑여행 하는 중이라고 했다. 그들은 손님인 나에게 대접한다며 홍차를 끓여 주었는데 남편은 마른 코코넛 열매를 모아 불을 지폈다. 부싯돌로 불을 낸 건 아니지만 영화 〈캐스트 어웨이〉의 톰 행크스가 생각났다.

 **INFORMATION**

## 꼬묵·꼬부론을 여행하는 법

### 여행하기 좋은 시기
섬을 여행하기 좋은 시기는 건기인 11~4월이다. 우기인 5~10월은 보트도 운행하지 않고, 대부분의 방갈로들이 문을 닫는다.

### 꼬묵·꼬부론으로 가는 방법
꼬묵으로 가려면 먼저 뜨랑까지 가야 한다. 방콕에서 간다면 국내선(1시간 20분)을 이용해 뜨랑 공항에 도착하거나, 기차(15시간)를 타고 뜨랑 기차역에 도착하면 된다. 뜨랑 시내에서 서쪽으로 50km 떨어진 꾸안뚱꾸 선착장에서 보트(30분)를 타고 꼬묵으로 들어간다. 선착장까지 대중교통으로 가기는 불편하므로 뜨랑 공항, 또는 뜨랑 기차역 앞의 여행사에서 미니밴과 보트 티켓을 함께 구입하는 것이 편하다. 꼬묵 내의 숙소까지도 예약이 가능하다. 꼬부론으로 가는 배는 꼬묵의 모든 숙소에서 예약할 수 있다.

### 섬에는 ATM기가 없다
섬에는 은행이나 환전소가 없다. 달러보다는 태국 현지 화폐를 넉넉히 준비해 가는 게 좋다. 꼬묵이나 꼬부론의 가장 큰 리조트에서는 숙박비를 신용카드로 결제할 수 있으나 그 외의 작은 방갈로에서는 모두 현금으로 지불해야 한다.

### 꼬묵에서 꼭 해 봐야 할 것, 배 빌리기
섬에 가서 스노클링(Snorkeling)을 하지 않으면 서운한 기분이 든다. 스노클링은 잠수 기술이나 수영 실력 없이도 가능하고, 물안경이나 스노클(숨대롱), 오리발 등의 장비는 숙소에서 쉽게 빌릴 수 있다. 꼬묵에서는 긴 꼬리 배 한 척을 빌려 보자. 배는 스노클링을 어느 장소에서 하느냐에 따라 금액이 조금 달라진다. 물론 멀리 가면 갈수록 금액이 비싸진다. 보트맨은 알아서 스노클링하기도 좋고 풍광도 좋은 곳으로 데려간다. 또 하나, 꼬묵에서는 에메랄드 동굴(Emerald Cave)을 가 보자. 배가 들어갈 수 없는 좁은 동굴 틈에 배를 세우고 보트맨이 손전등을 비추면서 약 100m 헤엄쳐 들어가면, 놀랍게도 작은 비치와 밀림이 나온다. 이곳은 옛날에 안다만 해를 지나던 해적들이 보물을 숨겨 놓았던 곳이다.

# 인
# 도
# 네
# 시
# 아

1만 3,000여 개의 섬으로 이루어진 인도네시아. 열대우림 깔리만딴 섬,
천연자원 수마트라 섬, 고대유산 자바 섬, 꽃향기 솔솔 나는 발리 섬….
인도네시아에서 섬과 섬 사이를 오가는 것은 책장을 넘기는 것이다.
인도네시아 여행은 섬마다 현란하고 다채로운 이야기가 무성한,
끝날 듯 끝나지 않는 천일야화의 책장을 넘기는 여행이다.

족자카르타 | 우붓

# INDONESIA

자바 섬의 옛 영광이 살아 숨 쉬는 고도 古都
인도네시아, 족자카르타

인도네시아의 보로부두르는 미얀마의
바간, 캄보디아의 앙코르와트와 함께
세계 3대 불교 유적지로 꼽힌다. 대승불교의
세계적인 석조 유적이라는 평을 받는 이 사원은
최근에 새로운 기록을 하나 더 추가했다.
2012년 7월, 단일 불교 건축물로는 '세계 최대의
불교 사원'으로 세계 기네스북에 오른 것이다.
인구의 90%가 이슬람교를 믿는 나라에
세계적으로 독보적인 불교 유적이라 일컬어지는
보로부두르가 있다는 사실이 흥미롭다.

세계에서
가장
섬이 많은

나라는 인도네시아다. 2010년 인도네시아 해양수산부의 발표에 의하면, 인도네시아의 섬은 총 1만 3,000여 개로 밝혀졌다(과거에는 약 1만 8,000여 개로 알려졌다). 섬의 숫자도 놀랍지만, 섬마다 제각각 분위기가 다르다는 것은 더욱 놀랍다.

흔히 인도네시아를 '천 가지 이야기가 있는 나라'라고 하는데, 그 이유를 인도네시아에 가 보고서야 비로소 이해했다. 그중 가장 신비롭게 다가온 곳은 중부 자바Java 섬의 고도古都 족자카르타Jogjakarta였다. 인도네시아의 행정적인 수도는 같은 섬에 있는 자카르타Jakarta이지만, 인도네시아인들에게 자바 섬의 정신적 고향은 족자카르타로 통한다. 공식 명칭은 욕야카르타Yogyakarta인데, 대부분의 현지인들은 옛 표기법대로 족자카르타, 또는 줄여서 '족자'라고 부른다.

족자의 중심가인 말리오보로Malioboro는 한 가지 분위기로 콕 집어 설명하기는 어려운 거리다. 그 길을 걷고 있으면 뭔가 혼란스러운 듯 자유분방하고, 뒤죽박죽인 듯 조화로운 묘한 느낌을 받는다. 그것은 건물들 때문이다. 식민지 시절의 여운이 남아 있는 네덜란드 양식, 족자 스타일의 소박한 전통양식, 종교적 기운이 느껴지는 이슬람식, 거기에 현대적인 쇼핑몰이 대로를 맞대고 한데 섞여 있다. 거기에 자가용이 씽씽 달리는 길 양옆으로 자전거를 개조한 씨클로 베짝Becak과 말이 끄는 마차 안동Andong까지 줄지어 있어 그러한 느낌을 더욱 부추긴다.

말리오보로 거리의 끝에는 전통적인 족자 스타일로 지어진 술탄 왕궁 크라톤Kraton이 있다. 왕궁까지 이어지는 약 1km 정도의 거리에는 바틱과 수공예 액세서리, 옷, 커피, 담배 등을 파는 상점들이 눈이 어지러울 정도로 끝없이 이어져 있고, 커피 향인지 담배 향인지 모를 몽롱한 향이 자욱해 걷다 보면 피곤하다기보다 나른해진다.

반면, 말리오보로 근처의 소스로위자얀Sosrowijayan 거리는 다소 여유롭다. 여행자를 위한 숙소와 여행사, 세탁소, 식당, 카페들이 작은 골목에 옹기종기 모여 있다. 골목은 좁지만 여행자의 거리가 그렇듯 느긋하고 낭만이 감돈다. 어디에 머물더라도 족자에 배낭을 풀면 이 골목을 한 번쯤 들르게 된다. 인도네시아의 다른 섬이나 족자 근교로 가는 투어버스를 예약할 수 있는 여행사들이 여기에 몰려 있기 때문이다. 나는 보로부두르로 가는 투어버스를 예약해야 했지만, 아기자기한 골목이 마음에 들어 하릴없이 이 골목을 몇 차례 들락거렸다.

족자카르타를 찾는 여행자들의 가장 큰 목적은 보로부두르Borobudur에 있다. 나 역시 '세계의 불가사의'라는 말이 궁금해서 보로부두르를 찾았다. 족자에서 42km 떨어진 곳에 언덕 하나를 뒤덮은 거대한 사원 보로부두르가 우뚝 솟아 있었다.

인도네시아의 보로부두르는 미얀마의 바간Bagan, 캄보디아의 앙코르와트Angkor Wat와 함께 세계 3대 불교 유적지로 꼽힌다. 대승불교의 세계적인 석조 유적이라는 평을 받는 이 사원은 최근에 새로운 기록을 하나 더 추가했다. 2012년 7월, 단일 불교 건축물로는 '세계 최대의 불교 사원'으로 세계 기네스

북에 오른 것이다. 인구의 90%가 이슬람교를 믿는 나라에 세계적으로 독보적인 불교 유적이라 일컬어지는 보로부두르가 있다는 사실이 흥미롭다.

보로부두르는 1814년, 당시 자바 섬을 점령하고 있던 영국의 총독에 의해 밀림 속에서 발견되었다. 그러니까 보로부두르가 세상에 모습을 드러낸 것은 불과 200여 년밖에 되지 않는 셈이다. 보로부두르가 세계적인 불교 유적으로 높이 평가받는 데는 역사학적, 건축학적, 종교학적 가치 외에, 사원을 둘러싼 과학적으로 이해할 수 없는 수수께끼도 한몫하고 있다. 보로부두르를 누가, 언제, 왜, 어떻게 건설했느냐에 대한 명확한 자료가 하나도 없기 때문이다. 모두 '~했을 것이다', 또는 '~로 풀이된다'라는 식의 추측으로만 이 거대한 사원을 해석할 뿐이다. 그나마 가장 유력한 설은 사원에 새겨진 조각과 기법으로 보아, 8세기 중엽 족자카르타의 불교 왕조였던 샤일렌드라Sailendra 왕조 시대에 최소 50년 이상의 시간을 들여 지어졌다는 설이다. 그렇다면 이 사원은 앙코르와트보다 축조 연대에서 300년이나 앞선 것이다. 그런데 어째서 천 년이 지난 뒤인 1814년에 발견된 것일까? 천 년 동안 아무도 이 거대한 사원의 존재를 몰랐단 말인가? 이 같은 미스터리는 사원을 더욱 신비롭게 한다.

학자들은 천 년의 세월을 이렇게 설명한다. 9세기 중엽에 힌두교 왕조인 산자야Sanjaya 왕조가 들어서는데, 그때부터 이 불교 사원은 방치되었다는 것이다. 산자야 왕조는 남인도에서 들어온 힌두교에 탐닉하여 당시 힌두자바 양식의 건축물을 많이 세웠다. 그러다가 1006년, 근처의 므라삐 화산Gunung Merapi이 폭발하면서 보로부두르는 화산재에 묻히게 되었는데, 그 후 사람들의 기억에서 자연스럽게 잊혀졌다는 것이다.

그럼에도 불구하고 풀리지 않는 의문이 있다. 발견 당시 사원을 뒤덮고 있던 흙이 불탑의 기초에 쓰인 흙과 성분이 같다는 것이다. 이 때문에 불탑의 완

성과 동시에 일부러 누군가가 사원을 다시 묻어 버렸을 가능성도 제기되고 있다. 만약 그것이 사실이라면 수십 년 걸려 힘들게 만든 사원을 누가, 왜 숨기려 했던 것일까? 불교가 몰락하고 힌두교가 흥하자 다른 종교에 의해 파괴되지 않도록 보호하기 위해서였을까? 하지만 그런 눈물겨운 노력에도 불구하고 보로부두르 사원은 안타깝게도 상당 부분 훼손되었다.

    인도네시아를 무려 350년간이나 식민 지배한 네덜란드는 1907년부터 1911년까지 한 차례 복구공사를 실시했으나 성공적이지 못했다. 도굴꾼들에 의해 부조와 불상이 도난되고 훼손되었을 뿐 아니라 잦은 지진과 화산 폭발 등의 자연재해, 기술 부족, 막대한 예산 소요 등으로 복구 작업을 중단할 수밖에 없었다. 이에 유네스코는 아시아 유적으로는 처음으로 대규모 복구 사업을 추진하고 나섰다. 1973년부터 10년 동안 복원자금을 적극 지원했고, 1991년에는 세계문화유산으로 지정했다.

    보로부두르는 세계 각국에서도 많은 관심을 보였는데, 복원 작업이 마무리되어 갈 즈음인 1980년대에 일본이 보로부두르 공원화 사업을 추진하고 나섰다. 환경 파괴에 대한 논란이 일었으나 일본은 끝끝내 공원 안에 호텔을 지어 개발 이권을 챙기는 꼼수를 부렸다. 사실 보로부두르의 가장 아름다운 모습이라는 일출을 보러 새벽에 이곳까지 찾아오기는 쉽지 않다. 일출을 보려면 족자에서 이른 새벽에 차를 렌트해서 오거나, 아니면 공원 내에 있는 일본 호텔에서 하루를 묵는 수밖에 없다. 사원의 문은 동서남북으로 되어 있는데, 그 중 호텔과 연결된 출입구는 입장료가 조금 비싸다. 수익금의 일부를 호텔에 지불해야 하기 때문이다. 이해가 가지 않지만, 일출 시간에는 호텔과 연결된 출입구를 통해서만 사원으로 입장이 가능하다. 어쨌거나 공원은 잘 조성되었으나 사원의 불상은 많은 부분을 아직까지 원상태로 회복시키지는 못했다.

인도네시아 기념엽서에는 보로부두르를 위에서 내려다본 흥미로운 모습이 등장한다. 그것은 사원 자체가 하나의 거대한 스투파Stupa 형태이면서도 전체적으로 하나의 입체 만다라Mandala 같은 모습이다. 보로부두르는 1만 2,000m²의 넓이에 31.5m 높이로, 정방형의 6층 기단 위에 원형의 3층 기단을 차례로 포개어 놓고, 정상에 커다란 종형 스투파를 올려 놓은 정연한 기하학적 구조다. 멀리서 보면 파노라마처럼 펼쳐진 사원이 평면적으로 보이다가, 다가갈수록 입체적이고 볼록하게 시야에 들어오는 것이 인상적이다.

이 사원은 기도의 목적이기보다는 깨달음을 얻는 교육의 장소로 지어졌다는 것이 학자들의 견해다. 회랑을 따라 사원에 오르는 행위가 해탈에 이르는 과정을 나타낸다고 한다. 사원은 위로 올라갈수록 피라미드처럼 좁아지는 형태인데 회랑 벽에 새겨진 부조가 1,460개나 된다. 부조에는 부처의 행적과 가르침이 담겨 있는데, 순서대로 부조를 보며 6층까지 올라가는 거리가 무려 5km에 달한다. 각층의 테라스에는 432개의 불상이 들어서 있는데 조각은 어찌나 정교하고 쌓아 올린 돌은 어찌나 촘촘한지, 과연 사람이 축조한 것일까 싶을 정도다. 사원에 사용된 돌은 약 100만 개로 추정되는데, 사원 주위의 30km 이내에는 같은 재질의 돌을 찾아볼 수 없다는 것 역시 수수께끼로 남아 있다.

마침내 꼭대기 층인 원형 층에 올라서면 종을 엎어 놓은 듯한 모양의 스투파들이 여기저기 세워진 모습을 볼 수 있는데 그 수가 72개나 된다. 스투파는 격자 모양으로 구멍이 나 있기에 안을 들여다보았는데, 순간 온몸에 전율이 흘렀다. 그 안에는 불좌상이 모셔져 있었다. 모든 스투파 안에 부처가 모셔져 있다니…. 안타깝게도 온전한 불상보다 두상이나 손이 잘려 나간 채 훼손된 불상이 더 많았다. 과거의 모습을 보여 주기 위함인지 원래 그렇게 제작된 것인지 모르겠지만 한 스투파는 뚜껑을 열어 놓은 모습이 신비롭게 느껴졌다.

사원의 동쪽 방향으로 비구름이 족자의 수호신이라는 므라삐 화산을 가득 덮고 있었다. 곧 비구름이 몰려올 모양이었다. 멀리 화산이 눈높이로 보였다. 새삼 내가 발 딛고 있는 곳이 땅인지, 하늘에 떠 있는 것인지 도무지 실감이 나질 않는다.

사원을 내려가려는데 한 스투파 주변으로 현지인 학생들이 몇 명 모여 있었다. 다가가 보니, 자신들의 오른손 엄지를 부처님의 왼쪽 검지에 대고 중얼거리고 있었다. 그렇게 하고 소원을 빌면 이루어진다는 것이다. 그때, 안전요원이 호루라기를 불어 댔다. 문 닫을 시간이니 모두 내려오라고 소리를 쳤다. 나는 잽싸게 오른손을 스투파 속으로 밀어 넣었다.

### 족자카르타의 잊지 못할 풍경, 디엥 고원

디엥 고원Dieng Plateau은 산스크리트어로 '신들이 사는 천상의 고원'이란 뜻이다. 족자에서 약 4시간 정도 구불구불한 산길을 올라가야 하는데, 무려 해발 2,093m까지 오른다. 사실 디엥 고원 가는 길은 대중교통이 원활치 않아 차를 빌려 가는 것이 일반적이다. 차를 빌리면 풍광 좋은 곳에서 맘껏 쉴 수 있어서 이래저래 좋긴 하다. 가는 길에는 계단식 농경지, 작은 과일 가게, 꽃 가게, 식당 등 전형적인 시골 마을 풍경이 이어진다. 마을의 수많은 봉우리는 화산 분출물인 송이와 화산재로 이루어져 있다. 이 길의 풍경은 족자를 떠올리면 가장 먼저 생각날 정도로 개인적으로 오래 기억에 남는 풍경이다.

## INFORMATION

### 족자카르타를 여행하는 법

#### 족자카르타로 가는 방법
인천에서 발리(덴파사르)를 경유하여 족자카르타까지 대한항공과 가루다항공이 운항한다. 발리까지는 7시간 35분, 다시 발리에서 족자카르타까지는 1시간 15분 소요된다. 또는 수도인 자카르타에서 기차로 이동한다면 7~8시간 소요된다.

#### 자바 건축의 백미로 꼽히는
#### 람바난 사원 둘러보기
람바난 사원(Candi Prambanan)을 보로부두르보다 더 흥미롭다고 하는 이들도 있다. 람바난 사원은 보로부두르 사원과 더불어 1991년 유네스코가 지정한 세계문화유산으로 등록된 사원이다. 9세기에 지어졌으나 16세기에 발생한 지진과 화산 폭발로 200년 가까이 방치되다가 1918년부터 복원 작업이 착수되었다. 2006년에 강진으로 다시 한 번 더 피해를 입어 아직도 일부는 돌무더기 상태로 남아 있다. 우주의 중심인 '메루산'을 나타내고 있는데, 힌두교 3대 신(브라마, 비슈누, 시바)을 모시고 있다. 세련된 균형미와 정교한 조각이 상당히 아름다운데 특히 이곳에서 보는 일몰 풍경이 아름답다. 건기에는 근처 야외극장에서 라마야나 공연을 보면서 저녁 식사를 할 수 있다. 사원을 배경으로 펼쳐지는 야외 공연이 환상이다. 물론 저녁 뷔페도 수준급.

#### 바틱의 고장에서 '진짜 바틱' 사기
바틱은 파라핀을 이용하여 기하학적 무늬나 그림을 그려 염색하는 전통 염색 기법이다. 인도네시아의 바틱은 세계무형문화재로 지정되어 있는데 이곳 족자가 인도네시아의 주요 산지로 꼽힌다. 바틱 공장을 견학하다가 바틱을 배우겠다고 눌러앉는 여행자들도 있다. 바틱도 종류나 기법에 따라 다양한데 여러 상점을 둘러보고 구입하는 것이 좋다. 정부에서 운영하는 상점을 씨클로 기사들은 모두 알고 있다.

### 인도네시아 여행 필수정보

#### 여행하기 좋은 시기
인도네시아의 기후는 대체로 10~3월까지는 우기, 4~9월까지는 건기로 나뉜다. 건기가 여행하기가 좋다. 하지만 우기도 하루 종일 비가 오는 것은 아니므로 여행에 큰 영향을 미치지는 않는다. 연평균 기온은 23~30℃ 정도.

#### 인도네시아로 가는 방법
인천에서 인도네시아의 수도인 자카르타와 발리(덴파사르)까지 대한항공, 가루다항공이 직항편을 운항한다. 직항은 자카르타까지 7시간, 발리까지 7시간 35분 소요된다.

#### 비자
인도네시아는 도착비자(VOA) 제도를 시행하고 있다. 출입국심사대 근처의 'Visa on Arrival' 카운터로 이동하여 수수료를 내면 여권에 비자를 붙여 준다. 수수료는 비자 유효기간 7일, 30일에 따라 다르다.

숲 속 예술가 마을에서 보낸 한때
인도네시아, 우붓

우붓의 낮 시간을 가장 재미있게 보내는

방법은 역시 미술관과 갤러리를 순례하는

것이다. 실제로 같은 숙소에 머물던

한 스페인 여행자는 미술관과 개인 갤러리를

둘러보는 것에 모든 시간을 쓰고 있었다.

개인 갤러리는 거리 곳곳에서 쉽게

볼 수 있는데, 작업실에서 묵묵히

림을 그리는 젊은 화가들에게서

우붓 문화예술의 저력이 느껴진다.

어떻게
우붓까지
도착했는지

모르겠다. 어제 아침까지 나는 아름답고 신비한 브로모 화산Gunung Bromo에 있었다. 참고로 브로모 화산은 자바 섬의 수라바야Surabaya 남쪽에 있다. 새벽 3시에 일어나 249개의 계단을 올라 분화구 꼭대기에서 일출을 보고 내려온 것까진 좋았다. 내려와서는 같은 숙소에 묵던 한국인 여행팀이 있어 승합차를 얻어 타기로 했다. 그들은 총 8명이지만 10인승 차량으로 이동 중이라 운전기사를 제외하고도 한 자리가 비었기 때문이다.

그들은 술라웨시Sulawesi 섬으로 간다고 했다. 나는 발리Bali 섬으로 갈 계획이라서 근처의 버스터미널에 내려 주기로 했다. 승합차가 마을을 출발해 산비탈을 미끄러지듯 내려갔다. 해발 2,000m 남짓한 산마을에서의 내리막길이야 당연히 가속이 붙겠지만, 그렇다고 해도 속도가 지나치게 빨랐다. 이상한 건 속도가 점점 더 빨라지고 있다는 것이다. 창밖의 풍경이 책장을 휘리릭 넘기듯 무엇 하나 선명하게 볼 수 없이 스쳐 지났다. 뭔가 비정상적인 속도감이라고 생각하는 찰나, '쿵!' 하는 충격과 함께 내 몸이 ㄱ자로 홱 고부라졌다. 승합차가 앞차를 들이받은 것이다.

원래부터 유리라는 게 달려 있지 않았다는 듯 승합차 앞 유리의 창틈에는 한 조각의 유리도 남아 있지 않았다. 교통사고를 많이 목격하지는 못했지만 전면 유리가 말끔하게 뻥 뚫린 것은 처음 보았다. 운전기사는 얼이 빠진 듯했다. 브레이크 고장이었다. 가슴을 쓸어내리지 않을 수 없었다. 길 오른쪽 아래는 절벽이었으니까. 팀원 중에는 우황청심환을 꺼내 먹는 사람도 있었고, '오, 주여!'를 연신 중얼거리는 사람도 있었다. 다행히 지나는 사람도, 운전기사도, 차에 탔던 일행도 큰 탈이 없었지만 문제는 딱 한 사람, 바로 나였다. 앞차를 들이받는 순간 맨 뒷자리, 그것도 가운데에 앉아 있던 나는 몸이 앞으로 쏠리면서 왼쪽 무릎이 앞좌석 등받이에 제대로 부딪쳤다.

운전기사가 어딘가로 전화를 건 뒤 3시간이 지나서야 교체 차량과 운전기사가 도착했다. 단체팀이야 전용차량으로 이동하니 상관없지만, 유일한 부상자인 나는 이미 발리 행 버스를 놓친 상황이었다. 그때만큼 길에서 만난 단체 여행팀이 부러웠던 적이 없었다.

부어오르는 다리를 로컬버스에, 배에, 다시 버스에 옮겨 실으며 간신히 발리 섬의 주도主都인 덴파사르Denpasar에 도착했다. 새벽 1시였다. 부슬부슬 비가 내렸다. 그 와중에 여행팀 인솔자가 발리에 가면 연락해 보라던 교민의 연락처가 생각났다. 처음 보는 사람의 집에 가서 넉살 좋게 하루를 묵고는 한식으로 차려진 아침까지 얻어먹었다.

교민 아저씨는 발리에서 3년째 서핑전문 여행사를 운영하고 계셨다. 아저씨는 이왕이면 큰 도시인 덴파사르에서 치료를 받고 가는 게 어떻겠냐고 하셨지만 나는 우붓Ubud에서 쉬고 싶었다. 덴파사르에서 우붓으로 가는 길은 좁지만 길 양옆으로 울창한 숲이 있는 싱그러운 길이었다.

우붓에 도착해 처음 간 곳이 소독약 냄새가 나는 병원이라니. 우붓에는 아픈 사람도 없는지 병원은 텅 비어 있었다. 여행 중에 병원을 찾는 것이 나에겐 새삼스러운 일이 아니지만, 아침부터 배낭을 짊어지고 찾아온 외국인 환자가 조금 안 되어 보였는지 의사는 무릎에 붕대를 감아 주며 말했다.

"날씨가 좋았는데 엊그제부터 비가 오네요. 우붓은 바닷가도 아니니 어차피 수영할 일도 없잖아요. 푹 쉬면서 며칠 물리치료를 받아요. 우붓은 쉬기 좋은 곳이니까."

의사의 말을 들으니 어쩐지 안심이 되기 시작하면서, 어쩌면 내가 '신들의 섬'이라는 발리에 입성하기 전부터 다친 것은 이미 정해진 일이었고, 그것은 나를 여기 오래 머물게 하려는 발리 신들의 장난이 아닐까 하는 쓸데없는 생각까지 들었다.

해발 1,000m의 울창한 숲에 둘러싸인 우붓은 발리 섬의 주도인 덴파사르에서 북쪽으로 20km 떨어진 곳에 위치한 작고 아늑한 마을이다. 우붓을 처음 찾은 여행자들은 두 번 놀란다. 첫째는 발리에 바다만 있는 것이 아니라는 것에 놀라고, 둘째는 우붓이 단순한 산간 마을이 아닌 예술인 마을이라는 사실에 놀란다.

물론 이런 독특한 분위기는 하루아침에 만들어진 것이 아니다. 우붓은 19세기경부터 발리 예술인들이 모여들어 창작활동을 하던 마을이었다. 그 무렵 우붓의 수가와띠Sukawati 왕조가 독일, 네덜란드 등의 화가들을 초대하면서 서양의 화가들과 교류가 시작되었다. 이로써 발리 회화는 재료와 표현 기법 등에서 서양 회화의 영향을 받게 되는데, 신화 중심에서 벗어나 발리의 일상생활을 그린 '우붓 스타일'이라는 독특한 화풍도 이때 탄생하게 된다. 이후 서양에 발리 회화가 점차 알려지면서 서양 화가들이 우붓으로 모여들었으며, 지금도 서로 영향을 주고받으며 다양한 스타일을 만들어 가고 있다. 이러한 문화예술적 교류 덕분에 예술촌 마을의 명성은 오늘날까지 꾸준히 유지되고 있다.

이런 배경을 이해하고 나면, 우붓 거리의 풍경이 예사롭지 않게 보인다. 아니, 우붓 마을 전체가 하나의 거대한 갤러리 같은 느낌마저 든다.

우붓의 낮 시간을 가장 재미있게 보내는 방법은 역시 미술관과 갤러리를 순례하는 것이다. 실제로 같은 숙소에 머물던 한 스페인 여행자는 미술관과 개인 갤러리를 둘러보는 것에 모든 시간을 쓰고 있었다. 개인 갤러리는 거리에서 쉽게 볼 수 있는데, 작업실에서 묵묵히 그림을 그리는 젊은 화가들에게서 우붓 문화예술의 저력이 느껴진다.

우붓을 대표하는 미술관으로는 뿌리 루끼산 미술관Museum Puri Lukisan, 네까 미술관Neka Art Museum, 아궁 라이 미술관Agung Rai Museum of Art, 블랑코 르네상스 미술관The Blanco Renaissance Museum이 있다. 이 아름답고 매력적인 4개의 미술관에서는 발리 회화의 역사와 발전과정, 인도네시아와 발리의 대표 화가들, 과거에서부터 현재까지 발리에서 활동한 서양 화가들, 우붓의 젊은 아티스트들의 작품을 볼 수 있다.

저녁이 되면 우붓 곳곳에서 흥미로운 공연들이 열린다. 그중에서도 발리를 대표하는 전통무용인 께짝Kecak 댄스가 볼만하다. 이 춤은 일종의 액막이 의식으로, 수십 명의 남자들이 모닥불을 둥글게 에워싼 채 양손을 위로 올리고 흔드는 동작을 반복하며 '께짝께짝' 합창을 한다. 그 가운데에서는 인도의 대서사시인 라마야나Ramayana 신화가 일부 각색되어 전개된다.

나는 공연을 보다가 재미있는 사실을 발견했다. 어쩐 출연배우들이 전문 무용수라고 하기에는 몸매도, 표정도, 행동도, 왠지 모르게 허술한 느낌이 들었다. 그것이 편하게 느껴져 때론 웃음이 나기도 했는데, 나중에 알고 보니 허술해 보인 데에는 이유가 있었다. 그 배우들은 모두 마을 주민이었다. 오늘 공연은 우리 집에서 한 사람, 내일 공연은 옆집에서 한 사람, 이렇게 돌아가며 집집마다 일정하게 공연에 참여하는 것이다. 공연을 위해 주민들은 농사일이 없을 때 틈틈이 마을회관에 모여 연습을 한다. 때론 배역을 서로 바꾸기도 한다. 그래서 누구라도, 어떤 배역이라도 소화할 수가 있다.

　와양 꿀릿Wayang Kulit이라고 하는 그림자 인형극을 볼 때도 마찬가지였다. 이것은 인도 신화인 마하바라타Mahabharata와 라마야나 이야기를 담은 인형극으로, 무대에는 인형의 그림자를 비추기 위해 흰 막이 쳐 있었다. 무대 뒤쪽에서 인형을 열심히 흔들면 흰 막을 통해 반대편에서 관객들이 그림자로 연극을 보게 되는 것이다. 무대 뒤로 살그머니 돌아가 보니, 가믈란Gamelan을 연주하는 스무 명 남짓한 연주가들이 줄 맞춰 나란히 앉아 있었다. 그 와중에 악기를 들고 꾸벅꾸벅 조는 할아버지를 발견했는데, 그 모습에 웃음이 나면서도 한편으로 찡했다. 이 연주가들 역시 낮에는 호미나 삽을 쥐고 일하고, 밤에는 그 손으로 악기를 연주하는 마을 사람들인 것이다.

　그 뒤로 전통공연을 볼 때마다 마음이 숙연해졌다. 발리 사람들은 농사를 비롯한 모든 마을 일을 우리네 '두레'처럼 꾸려 간다고 한다. 공연이 끝나자, 무대 한쪽에서 공연이 끝나길 기다리던 꼬마들이 우르르 무대 뒤쪽으로 달려간다. 오늘 밤, 아들은 아버지의 춤을 보았고, 손자는 할아버지의 연주를 들었을 것이다. 자연스럽게 보고, 배우고, 몸소 참여하며 전통과 문화를 지켜 가는 발리 사람들. 그들의 정체성은 매일 밤 그렇게 뚜렷해지고 있었다.

　우붓에 머무는 내내 비가 내려 숙소에서 보내는 시간이 많았다. 우붓의 어지간한 숙소는 대부분 조식이 포함된다. 내가 묵던 숙소는 2층 가정집을 개조한 작은 게스트하우스였는데 순박한 얼굴의 종업원이 커피와 과일, 토스트를 아침마다 방까지 날라다 주었다.

종업원의 이름은 '와얀'이라고 했다. 와얀은 늘 뭔가를 하고 있었다. 청소는 기본이고, 숙박부 정리, 정원 관리, 사당 정돈, 투어 프로그램 예약, 심지어 조식까지 직접 만들었다. 첫날, 나는 와얀에게 약간 볼멘소리를 했다. 미리 숙소를 예약해 놓았지만 뜻밖의 교통사고로 발리에 늦게 도착할 수밖에 없었던 상황에 대해 설명을 했다. 심지어 대중교통이 끊긴 나머지 우붓까지 올 수 없어서 교민의 집에 머물지 않았던가. 아침에 부랴부랴 왔건만, 지난밤 머물지 않은 방값을 나 혼자 부담하라고 하니 왠지 억울했던(?) 것이다. 일부러 안 온 것도 아니고, 특수한 상황이었고, 전화를 할 경황도 없었는데 어쩌란 말인가. 그러자 와얀은 지난밤 방값을 돌려주는 것은 어려울 테지만 전망 좋은 방이 있으니 사장에게 얘기해서 방을 바꿔 보는 건 어떠냐고 물었다. 나는 곧장 사장에게 달려가, 최대한 불쌍한 표정으로 붕대 감은 다리를 들썩거린 덕분에 추가금액 없이 방을 옮기기로 했다. 와얀은 짐을 옮겨 주면서 내가 정말 좋아할 거라고 했다. 대체 어떤 방이기에….

옥탑방은 일단 넓은 데다 벽 두 면에 큰 유리창이 나 있어 바람이 기가 막히게 불어왔다. 방 안에 있는 화장실 문을 여니, 뒤꼍의 발코니에 욕조와 세면대가 설치되어 있었다. 물론 담벼락이 쳐 있어 밖에서 보이지는 않는다. 욕조에 빗물을 받아 목욕을 하면서 하늘 구경을 할 수 있는 친환경적인 욕실이었다. 고급 리조트에서 이런 식의 야외 욕실을 본 적이 있다. 아무튼 일반 주택을 불법 개조한 것인지 시설은 단순했으나, 제법 그럴듯하게 꾸며 놓았다.

발코니의 테이블에 앉으면 한가한 밭 풍경이 보였다. 내가 외출하지 않는 날은 오후 3시쯤에 와얀이 뜨거운 물을 담은 포트와 홍차를 가져다주었다. 그때가 와얀의 휴식 시간이었다. 그때마다 나는 늘 다음 날 아침 메뉴에 대해서 물었다. 와얀의 요리 솜씨가 일품이었기 때문이다. 과일과 커피는 변함없지만 주 메뉴는 팬케이크, 오믈렛, 토스트 이런 식으로 매일 바뀌었다.

숙소에는 와얀보다 한참 어려 보이는, 이제 막 일을 배우려는 듯한 꼬마가 있었다. 하루는 와얀이 그 꼬마를 '와얀!' 하고 부르는 것을 들었다. 와얀의 뜻이 종업원이냐고 묻자, 이름이 같다고 했다. 그래서 나는 당신을 와얀A, 꼬마를 와얀B라고 부르겠다고 했다. 그러자 와얀A가 아주 흥미로운 이야기를 들려 주었다. 발리 사람 중에는 '와얀'이라는 이름이 매우 많다는 것이다. 발리 사람들은 태어나기 전에 이름이 정해져 있다고 한다. 첫째는 와얀Wayan, 뿌뚜Putu, 둘째는 마데Made, 카데Kadek, 셋째는 뇨만Nyoman, 꼬망Komang, 꼬밍Koming, 넷째는 끄뜻Ketut이라고 부른다고 한다. 그리고 다섯째는 다시 첫째 순서로 돌아간다. 그러니까 아이가 많으면 한집에 같은 이름이 있을 수도 있는 것이다.

자신의 이름은 '이 와얀'이라고 했다. 그럼 '이'가 성姓이냐고 물으니, 발리 사람들은 성이 없단다. 다만 남자 이름 앞에는 이I, 여자 이름 앞에는 니Ni를 붙인다. 그런데 이건 일반 평민들이 쓰는 이름이고, 카스트에 따라서도 이름이 달라진다고 했다. 이름으로 신분이 드러나는 것이 괜찮으냐고 물었더니, 자신은 발리의 선동을 따르는 것이 좋고 오히려 많은 사람들이 쓰는 이름이 평범해서 좋다며 빙긋 웃었다. 관심을 보이자 와얀은 다른 카스트 계급의 이름에 대해서도 알려 주겠다고 해서 나는 손사래를 쳤다.

"와얀, 네 이름만 알면 충분해."

와얀은 곧 태어날 아기 때문에 몹시 들떠 있었다. 아내의 출산일이 가까워져서 수시로 집에 다녀오곤 했는데, 그는 곧 태어날 아기가 3년 전 돌아가신 어머니의 환생이라고 철썩같이 믿고 있었다. 무슨 꿈의 계시가 있었다거나 3년이라는 숫자가 연관성이 있는 건 아니지만, 자신은 그런 느낌이 강하게 든다고 했다.

    우붓을 떠나는 날, 와얀에게 인사를 하려는데 집에 잠시 다니러 갔는지 보이지 않았다. 와얀B에게 전해 줄 것을 부탁하며 메모를 남겼다.

이 와얀에게,
너를 만난 건 행운이었어. 너의 친절 고마웠어. 너를 만나게 해 준
너의 신에게도 감사의 인사를. 특히 너의 바나나 팬케이크는 내가 먹어 본 것 중에 최고였어!
니 끄망(발리식, 평민 이름으로 따지면 '셋째 딸')으로부터.

### 우붓에서 절대 쓰지 말아야 할 돈 15만 루피아
발리 공항을 출국할 때였다. 공항에서 남은 돈으로 밥을 사 먹고도 돈이 남아 주머니를 탈탈 털어 커피까지 한 잔 마셨다. 아낌없이 돈을 다 쓰고는 탑승 수속을 마치고 뿌듯한 마음으로 2층 출국심사장으로 올라갔다. 출국 순서를 기다리며 서 있다가 내 차례가 되어서야 불현듯 생각이 났다. 공항 이용료를 따로 지불해야 한다는 것을. 발리 공항에서는 출국 시 모든 승객이 공항 이용료를 내게 되어 있다. 국제선은 15만 루피아(국내선은 4만 루피아)였다. 한국 돈으로는 1만 7,000원 정도다. 이를 어쩌나. 신용카드를 받진 않을 테고. 어쨌거나 출국을 하려면 꼼짝없이 다시 나가 돈을 찾아 와야 했다. 쭈뼛쭈뼛 돌아서는데 내 뒤에 있던 현지인이 선뜻 나의 공항 이용료를 지불해 주었다. 나는 너무 고마워서 면세점에 들어가 ATM기로 돈을 찾아 주겠다고 했지만 그는 괜찮다고 했다. 면세점에서 기어이 그를 찾아내 조그만 초콜릿을 선물하긴 했지만, 정말 아찔한 순간이었다. 외국인 여행자들은 종종 이런 실수를 저지르곤 한다(2012년 9월, 인도네시아 가루다항공은 공항 이용료를 항공권에 포함시켰다. 그 외의 항공권은 아직까지 공항 이용료를 지불해야 한다).

## INFORMATION

### 우붓을 여행하는 법

**우붓으로 가는 방법**
인천에서 발리(덴파사르)로 대한항공과 가루다항공이 직항편을 운항한다. 직항은 7시간 35분 소요된다. 발리 국제공항에서 우붓까지는 택시로 40분 소요된다.

**투어 프로그램으로 발리 돌아보기**
우붓의 관광안내센터나 숙소, 여행사 등에는 발리의 주요 볼거리를 엮은 당일 투어 프로그램이 있다. 우붓 시내야 걸어 다니지만, 우붓 근교를 대중교통으로 여행하기는 쉽지 않다. 더욱이 볼거리도 흩어져 있어서 돌아다니려면 부담스럽다. 그럴 때는 투어 프로그램을 이용하면 좋다. 프로그램도 매우 알차다. 특히 화산 폭발로 생긴 분화구와 호수를 볼 수 있는 낀따마니(Kintamani) 화산지대, 발리 힌두의 어머니라고 불리는 최대 규모의 사원인 브사끼(Besakih) 사원, 아름다운 계단식 다랑논 풍경, 여기에 커피 농장 체험까지 포함되어 있는 프로그램이 가장 인기가 있다. 커피 농장에서는 루왁 커피를 시음할 수 있는 기회도 있다!

**발리니즈 마사지 체험하기**
우붓 거리를 돌아다니다 보면 뭔 마사지 간판이 이리 많나 싶은 생각이 든다. 발리 사람들은 건강관리의 1순위로 마사지와 단순한 라이프스타일을 꼽는다. 힌두교의 영향으로 일찌감치 인도의 아유르베다 마사지 기법과 오일, 향료가 도입되었는데, 덕분에 우붓에서는 최고 수준의 마사지와 스파를 경험할 수 있다. 가장 대표적인 마사지는 '발리니즈 마사지'로, 이는 아로마 오일을 사용해 몸 전체의 뻐근한 근육을 부드럽게 풀어주는 발리 전통 마사지다. 아로마 오일은 좋아하는 향으로 고를 수도 있다. 이외에도 아보카도, 알로에 등으로 만든 크림을 바르는 마사지ㅏ 바닷물, 해초, 진흙을 이용한 마사지 등 종류가 다양하다.

# 베
# 트
# 남

마음이 마른 나뭇잎처럼 버석거릴 때, 그 마른 나뭇잎 하나가 기어이 나를
삼켜 버릴 때, 봄 없이 마른 계절만 반복되는 나날이라고 느낄 때, 나는
이곳에 있을 것이다. 옹기종기 모여 사는 아름다운 사람들의 이야기를
듣고, 따뜻한 사막 위를 하염없이 걷고 있을 것이다.

호이안 | 무이네
# VIETNAM

오래된 동화책 속 그림 마을
베트남, 호이안

래러이 거리 양옆으로는 중국식 2층 목조

건물이 늘어서 있다. 바지런한 상점 주인은

문을 활짝 열어 놓고 가게 앞을 쓸기 시작하고,

씨클로는 일찌감치 나와 손님을 기다린다.

빨간 바탕에 노란 별이 박힌 금성홍기가

가로수에 매달려 살살 부는 바람에 펄럭인다.

따스한 아침 햇살이 온 길에 퍼지고 재잘거리는

새소리가 거리를 가득 채우면, 나도 모르게

"굿모닝 베트남!" 하고 외치고 싶어진다.

아무리
둔한
사람이라도

호이안에 도착하면 금세 알아차린다. 호이안이 시속 5km의 속도로 흐르는 도시라는 것을. 베트남에서 신호등 없이는 길을 건너지 못하는 여행자라면 더욱 온몸으로 느낄 것이다. 아니, 어쩌면 조금 낯선 느낌을 받을지도 모르겠다. 경주하듯 떼로 달리는 오토바이, 시도 때도 없이 클랙슨을 울려대는 택시, 아무 데서나 승객을 태우고 내려놓는 버스, 그 사이를 아슬아슬하게 걷는 사람들. 도로와 차와 사람, 매연과 먼지와 소음으로 뒤범벅된 베트남의 흔하디흔한 거리 풍경을 이곳 호이안에서는 볼 수 없으니 말이다. 그것도 호이안 여행의 중심지인 구시가지Old Town 안에서 말이다. 한마디로 하노이나 호찌민에 있다가 호이안에 도착하면 장풍과 축지법이 난무한 무협지를 숨 가쁘게 읽다가 예쁘고 아름다운 동화책을 펼치는 고요한 느낌이랄까.

 호이안會安, Hội An을 찾은 초기 서구 무역상들은 호이안을 파이포Faifo라고 불렀다. 바닷가 마을이라는 뜻의 하이포海浦, Hải Phô에서 왔다는 설도 있고, 호이안포會安浦, Hội An Phô가 호이포, 다시 파이포가 되었다는 설도 있다. 어떤 설이든 간에 물가(浦)가 빠지지 않고 언급되는 데에서 알 수 있듯, 호이안은 남중국해 연안에 위치한 바닷가 마을이다.

 호이안은 16~18세기에 국제무역을 담당하던 베트남 남부의 무역항이었다. 매년 정기적으로 중국, 일본, 프랑스, 포르투갈, 인도 등지에서 상선이 드나들어 아시아와 유럽을 잇는 바다의 실크로드 역할을 해 왔다. 국제무역으로 다양한 인종이 모여드니 마을은 자연스레 동서양의 문화가 한데 어우러지게 되었다. 19세기 말, 무역의 중심이 근처의 다낭Đà Nẵng으로 옮겨 가면서 호이안은 불행 중 다행으로 20세기 베트남에서 일어난 많은 전쟁의 피해에서 빗겨갈 수 있었다. 길과 건축물이 당시의 모습 그대로 보존되었다는 평가를 받아 호이안의 구시가지는 1999년 12월 4일, 유네스코 세계문화유산으로 선정되었다.

호이안의 구시가지를 여행하는 방법은 두 가지다. 자전거를 타거나 혹은 걷거나. 천천히 페달을 밟으며 거리를 스캔하듯 훑는 것도 상쾌하고, 뒷골목을 탐험하듯 기웃거리는 재미도 쏠쏠하다. 방법이야 아무래도 상관없지만 나는 되도록 이른 아침에 구시가지로 나간다. 관광객들이 쏟아져 나오기 전의 구시가지는 이제 막 이야기가 시작되려는 동화책의 첫 장을 넘기는 것처럼 설렌다. 어떤 이야기가 펼쳐질지 모르는 낯선 배경 속으로 걸어 들어가면서 '옛날 옛날에~'로 시작하는 동화 속 주인공이 되어, 나는 수백 년 전의 호이안을 걷는다.

구시가지의 남북을 가로지르는 레러이Lê Lợi 거리. 이 길을 끝까지 따라가면 투본Thu Bồn 강이 흐른다. 레러이 거리 양옆으로는 중국식 2층 목조 건물이 늘어서 있다. 바지런한 상점 주인은 문을 활짝 열어 놓고 가게 앞을 쓸기 시작하고, 씨클로는 일찌감치 나와 손님을 기다린다. 빨간 바탕에 노란 별이 박힌 금성홍기金星紅旗가 가로수에 매달려 살살 부는 바람에 펄럭인다. 따스한 아침 햇살이 온 길에 퍼지고 재잘거리는 새소리가 거리를 가득 채우면, 나도 모르게 "굿모닝 베트남!" 하고 외치고 싶어진다.

마침, 웨딩 스냅촬영을 나온 예비부부라도 만나게 되면 동화 속 주인공 자리를 잠시 그들에게 내어 주고 나는 한발 물러서서 구경꾼이 된다. 부드러운 아침 햇살을 받은 구시가지의 목조 건물은 은근한 분위기가 감돌아 스냅촬영

장소로 인기가 좋은 모양이다. 이 골목에는 아오자이를 입은 신부가, 저 골목에는 웨딩드레스를 입은 신부가 있다. 이들 때문에 아침의 구시가지는 영화세트장 같은 느낌이다. "축하해요.", "고마워요." 서로 인사를 건네는 기분 좋은 아침, 굿 모닝 호이안이다.

구시가지를 동서로 가로지르는 쩐푸Trần Phú 거리와 응우옌타이혹Nguyễn Thái Học 거리도 흥미롭다. 이 거리에는 일본, 중국, 베트남, 프랑스 양식이 골고루 섞인 민가와 사원, 박물관들이 모여 있다. 특히 200~300년 전에 지어진 멋스러운 고가古家는 집안 내부는 물론, 집안 대대로 물려 오는 골동품들을 둘러볼 수 있도록 개방하고 있다.

실내를 돌아보면 베트남어가 아닌 한자로 적힌 현판이 종종 눈에 띈다. 베트남의 봉건 왕조 시대에는 한자의 뜻과 음을 차용해 만든 '쯔놈Chữ Nôm'이라는 글자를 베트남어로 사용했다. 그러다 이후 프랑스가 베트남을 식민 지배

하면서 현재의 알파벳으로 교체되었다. 대부분의 건축물이 중국식인 데다 그처럼 한자 간판까지 걸려 있어서인지 마치 오래된 중국의 시골 마을에 와 있는 것 같기도 하다.

옛것들을 천천히 둘러보며 오래된 아름다움에 취하는 것도 잠시, 상점 앞 물건에 그만 마음을 빼앗겨 계속 서성인다. 호이안은 옷과 신발에 한해 특별한 쇼핑을 할 수 있는 곳이다. 호이안의 '맞춤쇼핑'은 종류, 디자인, 품질, 가격, 서비스 면에서 아마 베트남에서는 베스트 오브 베스트일 것이다. 코트든 아오자이든 이브닝드레스든 어떤 스타일이든지 그 자리에서 마음에 드는 디자인을 고르면 체형을 재고 원단을 골라 바로 가봉에 들어간다. 신발도 견본을 보고 디자인과 가죽, 구두창을 고르면 샌들이든 부츠든 구두든 하루면 뚝딱 만들어 내

놓는다. 구두 5컬레를 맞추는 일본 여행자(그녀는 옷도 5벌 맞췄다고 했다)도 보았고, 결혼 예복 같은 양복 정장을 맞추는 유럽 여행자도 보았다.

나는 그들을 충분히 이해한다. 어느 여행지에서나 꼭 사야만(해야만) 할 것 같은, 지금이 아니면 안 될 것 같은 느낌이 드는 것이 있다. 나 역시 예전에 호이안에서 한여름에 후드 코트를 맞춰선 낑낑거리며 들고 다닌 적이 있다. 그런 나에게는 호이안에서 양복을 입고 배낭을 메든, 이브닝드레스를 입고 버스를 타든 전혀 이상하게 생각되지 않는다. 두 집 걸러 하나씩 있는 호이안의 양장점과 수제화점은 호기심에라도 그냥 지나치기 어려울 만큼 매력적이라는 것을 잘 알기 때문이다.

구시가지의 동쪽으로 가면 소박한 재래시장이 펼쳐진다. 상인들이 논Nón, 스님들이 쓰는 삿갓처럼 생긴 모자을 쓰고, 베트남식 지게에 야채를 가득 짊어지고 다니는 모습을 보면 그제야 내가 베트남에 와 있구나 하는 것을 깨닫는다. 그만큼 호이안의 분위기는 이국적이다. 참고로 나는 예전에 이 '논'이라는 모자도 산 적이 있다. 베트남을 상징하는 이미지는 논과 아오자이, 씨클로라고 생각하고 있을 때였다. 그렇다고 논을 기념품으로 산 것은 아니었다. 차양이 넓어 햇볕을 가리기에 유용해 여름에 쓰고 다닐 요량이었다. 그러나 코스프레를 할 게 아니라면 한국에서 논을 쓰고 거리를 활보한다는 것은 매우 용기가 필요한 일이었다. 여행지에서 특화된 제품일수록 대체로 일상생활에서 쓸모없는 경우가 낳다. 아무튼 여행 중 쇼핑 리스트에 대해 할 말은 너무 많지만 여기까지만.

호이안에서 구시가지를 돌아다니는 일 다음으로 보람찬(?) 일이라면 미썬Mi-sơn 유적지를 둘러보는 일이다. 반나절 투어로 진행되는 미썬유적투어는 호텔에서 신청을 하면 여행사 버스가 호텔마다 친히 들러 여행자를 픽업한다. 베트남의 중남부 지역에는 참파Chăm Pa 왕국의 유적이 많이 남아 있다. 2~17

세기에 걸쳐 번성한 참파 왕국은 외국과의 해상교역으로 크게 번성했는데, 그중 미썬 유적은 참파 왕국의 성지였던 곳이다. 산으로 둘러싸인 분지의 중앙에 자리하고 있어 오랫동안 정글에 숨겨져 있다가 19세기에 발견되었다.

인도 문화의 영향을 받아 붉은 사암을 쌓아 올린 사원 안에는 힌두교의 시바신이 모셔져 있다. 베트남 전쟁으로 유적은 많이 유실되었지만 남아 있는 외벽의 조각과 석상은 여전히 아름답다. 규모는 큰 편은 아니지만 학술적 가치를 인정받아 호이안의 구시가지와 함께 세계문화유산으로 선정되었다.

미썬유적투어 버스는 반나절이 지나 다시 구시가지에 여행자들을 내려놓는다. 나는 레러이 거리를 가로질러 곧장 투본 강변으로 걷는다. 해가 질 때쯤이면 투본 강변 근처에는 낮은 의자와 테이블을 내어놓고 강변을 따라 길게 노점이 차려진다. 한때 외항선으로 북적댔을 강변 어귀는 이제 관광객을 상대하는 나룻배가 한가롭게 떠다닌다. 강변 옆으로는 프랑스 양식의 단아한 건물들이 나란히 늘어서 있는데 부지런한 유럽 여행자들이 강변 쪽 자리를 모두 차지하고 있어 더욱 이국적인 정취를 풍긴다.

나는 노점에 앉아 베트남 맥주를 한 병 마시며 호이안의 아름다운 밤을 기다린다. 이윽고 어둠이 내려앉으면 구시가지 거리의 기와에, 기둥에, 다리에, 나무에, 하늘에, 그리고 투본 강 건너의 신시가지에 형형색색의 등燈이 밤을 수놓는다. 밤하늘을 올려다보며 문득 그런 생각을 한다. 호이안을 떠날 땐 누구라도 예쁜 동화책 한 권 마음에 품고 떠나게 되지 않을까 하는. 그 동화의 끝 부분은 아마 '그렇게 그들은 그곳에서 오래오래 행복하게 살았습니다.'라고 끝이 나겠지.

호이안會安, 이름처럼 편안하게 모여 사는 마을의 이야기니까.

### 베트남의 잊지 못할 맛, 카페

베트남에서는 밥을 먹고 나면 두리번거리며 자동적으로 목욕탕 의자를 찾았다. 길가에 플라스틱 목욕탕 의자와 테이블을 죽 늘어놓고 카페Càphê, 베트남어로 커피를 파는 모습은 베트남에서 흔한 풍경이다. 연유가 듬뿍 들어간 진한 카페를 처음 마셨을 때, 쓴 듯 단 듯 오묘한 맛이었다. 그런데 이 카페가 은근 중독성이 강하다. 마시고 나면 개운하고 피로마저 풀리는 느낌이 든다. 베트남은 세계 2위의 커피 생산국답게 훌륭한 커피전문점도 많지만 카페는 뭐니 뭐니 해도 길거리에서 마시는 것이 제맛이다. 베트남에서는 아저씨도, 아주머니도, 연인들도, 여행자도 길 가다 피곤하면 털썩 주저앉아 카페를 한 잔 마신다.

 **INFORMATION**

## 호이안을 여행하는 법

### 호이안으로 가는 방법
호이안에서 가장 가까운 공항은 다낭(Da Nang) 국제공항이다. 인천에서 바로 가는 직항편은 없지만 여름 성수기에는 인천-다낭 간 전세기가 운항된다. 그 외의 계절에는 인천-호찌민-다낭으로 연결되는 항공편이 가장 빠르다. 다낭 국제공항은 방콕, 홍콩, 싱가포르로 가는 항공편이 취항하므로 각 도시를 통해서도 다낭으로 입국할 수 있다. 또는 국제선으로 인천-호찌민 구간만 이동한 후, 호찌민-호이안을 버스로 이동하는 방법도 있다(17시간).

### 호이안의 입장료
세계문화유산으로 지정된 호이안 구시가지는 거리를 걷는 것은 무료이지만 건물 안을 구경하려면 입장료를 내야 한다. 입장료는 호이안의 역사적 건축물을 보존하는 기금으로 사용된다. 입장권에는 전통 음악이나 무대 공연 등의 무형문화재를 포함해 사원과 고저택 등의 카테고리 군에서 한 곳씩 골라서 관람할 수 있다. 입장권 없이 매 유적지마다 입장료를 따로 지불하고 구경할 수도 있다.

### 호이안의 특별한 세 가지 맛
다른 곳에서 맛볼 수 없는 호이안만의 별미가 있다. 호이안의 명물 요리들은 호이안의 레스토랑이라면 기본적으로 메뉴에 포함되어 있는데, 세트메뉴로 구성해 저렴한 가격에 맛볼 수 있게 한 식당도 있다. 물론 세트메뉴는 양이 조금 적긴 하다. 강변 노점에서도 흔하게 맛볼 수 있다. 호이안이 아니면 다른 곳에서는 구경도 못하는 음식이니 꼭 시도해 보도록!

### 까오러우(Cao Lâu)
쌀국수에 생채소와 삶은 돼지고기를 올리고 진한 국물을 끼얹어 비벼 먹는 국수. 국물은 탕보다는 적고 양념보다는 약간 많은, 자작자작한 정도이며, 여기에 베트남 간장과 오향가루로 맛을 더한다. 넓은 쌀국수 면은 쫄깃하면서도 부드러운 식감이 인상적이다.

### 환탄찌엔(Hoành Thánh Chiên)
호이안식 튀김 만두. 메뉴에는 'fried wonton'이라고도 적혀 있다. 나쵸 같기도 하고 칩 같기도 한 납작한 튀김 위에 여러 다진 채소들이 얹어져 있는데 새콤달콤한 탕수육을 나쵸 위에 얹어 먹는 것 같다고 해야 할까. 맥주 안주로 좋다.

### 반바오반박(Bánh Bao Bánh Vạc)
메뉴에는 주로 'white rose'라고 적혀 있다. 모양이 흰 장미꽃 같다 하여 붙여진 이름이다. 속이 비칠 듯 얇은 만두피에 새우와 고기를 다져 넣고 쪄낸 호이안식 찐만두.

## 베트남 여행 필수정보

### 여행하기 좋은 시기
호이안은 비교적 사계절이 뚜렷하다. 가장 여행하기 좋은 계절인 3~7월은 맑고 건조하다. 8~10월은 덥고 습하며, 8월 말~10월까지는 태풍의 영향을 받는 날도 있다. 11~1월까지는 비가 자주 내린다. 12~1월은 아침저녁으로 쌀쌀하다.

### 베트남으로 가는 방법
베트남에는 하노이, 호찌민 등의 도시에 10여 개의 국제공항이 있지만, 이 장에서는 책에 소개한 호이안, 무이네와 가까운 호찌민 국제공항을 소개한다. 인천에서 호찌민까지 베트남항공, 대한항공, 아시아나항공 등이 직항편을 운항한다. 직항은 5시간 40분 소요된다.

### 비자
베트남은 무비자로 15일 동안 여행할 수 있다. 그 이상의 기간을 체류하려면 미리 30일 비자를 받아 가거나 현지에서 여행사를 통해 연장해야 한다.

# 그 따뜻한 모래 위를 담담히 걷는 일
베트남, 무이네

무이네는 어쩌면 치유하기

좋은 곳인지도 모른다. 사막이 있으니까.

사막은 누군가 낸 발자국을 바람과

모래로 슬며시 지운다.

아무리 큰 발자국도 어떤 흔적도

가느다란 모래알로 아무 일 없었다는

듯이 말끔히 지워 버린다. 아마 지금도

사막의 모래는 일처럼 바람을 따라

이곳에서 저곳으로 옮겨 다니며

누군가의 발자국을 지우고 있을 것이다.

언젠가
TV 토크쇼
프로그램에서

한 여배우가 어느 나라를 좋아하느냐는 사회자의 질문에 "이상하게 보실지 모르지만 저는 일본에 우동 먹으러 가요."라고 대답했다. 분위기 상 그럭저럭 넘어갈 만한 답변이지만 일본이 좋다는 건지, 우동이 좋다는 건지는 잘 모르겠다. 아무튼 인도에 커리를 먹으러 가든, 이태리에 피자를 먹으러 가든 나는 이상하게 생각하지 않는다. 나도 베트남에 쌀국수를 먹으러 갔으니까.

방콕에서 쌀국수에 심취한 나날을 보내던 때가 있었다. 당시 베트남에 사는 한 교민을 우연히 만난 적이 있다. 외국에서 정착해 살아가는 것은 여행과는 차원이 다른 것이기에 현지에 사는 사람들의 이야기는 늘 흥미롭다. 그 아저씨의 말씀 중에서는 음식 이야기가 인상적이었는데, 특히 베트남 쌀국수는 '영혼의 맛'이라는 얘기가 솔깃했다. 지금이야 그 영혼의 맛이라는 것이 체인화되어 한국에서도 실컷 맛볼 수 있지만 그때는 그 말이 어찌나 그럴싸하게 들리던지.

북부 하노이로 입국해 남부 호찌민으로 영혼의 맛을 찾아 떠난 첫 베트남 종단여행은 그렇게 시작되었다. 쌀국수를 먹을 때마다 이것이 아저씨가 말하던 영혼의 맛인가 고개를 갸우뚱하면서.

영혼의 맛은 건면과 생면, 소고기와 닭고기, 고수풀과 허브, 조미료와 양념, 동네의 물맛, 두말할 것 없는 손맛, 그리고 쌀국수를 먹는 날의 기분에 따라 매일 달랐다. 지금 생각하면 요즘 유행하는 말로 베트남의 소울푸드라는 의미였던 것 같은데, 나 혼자 너무 많은 의미를 부여한 것이 아닐까 싶다.

여행은 단조로웠다. 베트남 지도 한 장 달랑 들고 남중국해 연안을 따라 남으로 남으로 내려가면 호찌민이 나올 테고, 쌀국수 집은 지천에 널렸으니 어려울 것도 없었다.

보름 뒤에 드디어 식탐여행의 종착지인 호찌민에 도착했다. 늘 그렇듯이, 현지인에게 맛있다는 쌀국수 집을 소개 받아 영혼의 맛을 보고는 숙소로 돌아가던 길이었다. 서점 가판대를 잠시 기웃거리던 중 이색적인 풍경의 엽서 한 장을 발견했다. 아오자이를 입은 여인들이 사막을 건너고 그 뒤로 바다가 펼쳐져 있었다. 바다라면 보름 동안 질리게 보고 내려온 터였지만 어디에서도 이같은 사막은 보지 못했는데, 어딜까. 엽서를 뒤집어 보니 '무이네Mũi Né'라고 적혀 있었다. 부랴부랴 지도를 찾아보니 버스로 지나친 마을이었다. 아아, 베트남에 사막이 있었다니….

나는 사막을 좋아한다. 진작 알았다면 당연히 들렀을 텐데, 가이드북 한 권 없이 돌아다녔으니 어디에 무엇이 있는지 알 리 없었다. 영혼의 맛의 여운을 느낄 사이도 없이 베트남의 사막이 궁금해지기 시작했다. 베트남의 영혼이 쌀국수에서 사막으로 배턴터치 되는 순간이었다.

다시 호찌민을 찾았을 때는 아예 무이네부터 갈 작정이었다. 하지만 버스표를 구하기가 쉽지 않았다. 하필 '뗏Tet'이었다. 뗏은 베트남의 음력설로 가장 큰 명절이다. 공식 휴일은 3일이지만 대부분의 사람들이 그 다음 한 주를 더 쉰다. 고향으로 돌아가는 귀성객과 연휴 기간 동안 국내를 여행하는 현지인, 거기에 외국인 관광객까지 합세해 명절 연휴가 끝날 때까지 기차와 버스표는 이미 동이 난 상태였다. 여행사에서 한참을 기다려 운 좋게 누군가가 취소한 표를, 요금의 두 배를 주고 잽싸게 구했다. 하지만 무이네의 현지 상황도 안 좋긴 마찬가지였다. 버스에서 내려 숙소를 몇 군데 돌아보니 이미 방은 꽉 찬 상태고, 그나마 남은 방은 평소 요금의 몇 배를 훨씬 웃돌았다. 대목에 단단히 한 몫 챙기려는 숙박업소들은 단돈 십 원도 깎아 주려 하지 않았다.

바닷가 마을의 숙소가 그렇듯 무이네도 11km의 긴 해변을 따라 숙소가 길게 늘어서 있었다. 숙소는 규모나 시설과 상관없이 Resort, Villa, Cottage 등의 그럴듯한 이름을 내걸고 있었다. 간판을 보고 들어갈라치면 이미 방이 없다는 소리를 듣고 나오는 여행자가 "Full~!"이라며 고개를 절레절레 흔들었다. 같은 버스를 탔던 여행자들이 동쪽으로, 서쪽으로 분주하게 방을 구하러 다녔다. 사실 무이네에는 숙소가 많은 편이다. 다만 한껏 오를 대로 오른 초성수기 요금이 문제라면 문제였다.

일단 자전거를 빌렸다. 중심가에서 벗어나면 적당한 가격의 방이 있을 거라는 생각에서였다. 바다를 향해 야자수가 기울어져 있는 도로를 자전거를 타고 힘차게 내달렸다. 왼편으로 펼쳐진 바다를 가끔 힐끔거리며. 그런데 그때, 옆에서 '끼익!' 하고 승용차가 브레이크를 밟았다. 자전거 앞으로 희끄무레한 물체가 투툭 하고 튀어나왔다. 나 역시 급히 멈추었지만 무언가에 부딪혀 중심을 잃고 꽈당 넘어섰다. 그 무잇은 쫓기는 고양이와 쫓는 개였다.

넘어지면서 땅을 호되게 짚었는지 손바닥은 얼얼했고 손목은 통증으로 움직일 수가 없었다. 시나가던 여행자가 부축해 주어 몸을 추스르긴 했으나 방이고 뭐고 병원으로 가야 할 판이었다. 다행히 뼈에는 이상이 없었다. 손목이 접질리면서 인대가 늘어난 것 같다며 의사는 손목에 부목을 대고 붕대를 칭칭 감아 주었다.

작은 발코니에 해먹이 매달려 있는 방갈로에 짐을 풀었다. 방값이 부담스럽긴 했지만 몸과 마음이 피곤해져 진료소와 가까운 곳에 방을 잡았다. 붕대로 감싼 손을 가슴 위에 가만히 올려 놓고 해먹에 누웠다. 흔들흔들 움직이는 그물 침대에 누워 있으니 마음이 조금 진정되었다. 한 남자가 다가와 근심 어린 얼굴로 다친 손은 좀 어떠냐고 물었다. 타지에서 누군가가 걱정을 해 주니 고마워해야 하는데 나는 얼떨결에 다친 것을 어떻게 알았냐며 놀라서 되물었다. 남자는 어깨를 으쓱하며 "아까 너 넘어졌을 때 내가 일으켜 줬잖아." 하고 멋쩍게 웃었다. 지나가던 여행자는 내 옆 방갈로에 묵는 영국인 이웃이었다.

숙소 방갈로 지붕은 지푸라기로 엮어 올려 멀리서 보면 오두막처럼 보였다. 각 방갈로 입구에는 작은 개인 발코니와 해먹이 기둥 사이에 매달려 있었다. 야자수와 무릎 높이까지 자란 수풀이 무성한 정원 안에는 식당이 있고, 정원 앞으로 작은 모래사장도 있었다. 모래사장에는 지푸라기로 덮은 파라솔과 침대의자가 해변을 바라보고 뉘어 있었다. 그 앞으로 보이는 바다가 남중국해다. 베트남에서는 '동해'라는 뜻의 비엔동Biển Đông으로 부른다.

숙소는 한 중국인 대가족이 점령하다시피 했는데 사돈의 팔촌까지 온 모양이었다. 중국과 베트남은 같은 음력설을 쇠기 때문에 뗏 연휴에 베트남으로 여행 온 중국인들을 어렵지 않게 볼 수 있었다. 중국인 가족은 낮에는 해변을 독차지했고, 밤에는 방갈로를 돌아다니며 밤새 떠들고 먹고 마셔 댔다. 덕분에 영국인 이웃과 나는 죽을 맛이었다. 내심 명절 연휴가 빨리 지나기를 바랐다.

방갈로는 독립된 공간이긴 하나 방갈로 사이의 간격이 넓지 않아 이웃의 발코니를 보려 하지 않아도 보게 되었다. 때문에 아침에 일어나 발코니로 나가면, 나보다 일찍 일어난 영국인 이웃은 해먹에 누워 "안녕! 손은 좀 어때?" 하고 물었고, 나는 괜찮다고 대답하며 붕대 감은 손을 흔들어 보였다. 아침 안부 인사 외에는 딱히 서로 대화할 일이 없었다. 한쪽 손을 제대로 쓸 수 없어 만사가 귀찮아진 나는 며칠을 아무것도 안하고 방갈로에서 빈둥거렸다. 이웃사

람의 일과도 나와 별반 다르지 않아 보였다. 이웃사람은 오전에는 해먹에 누워 책을 읽다가, 시간이 지나면 자리를 옮겨 해변의 침대의자에 누워 책을 읽었다. 오후에는 식당에서 베트남 커피를 시켜 놓고 노트북으로 뭔가를 쓰기도 하고, 영화를 보기도 했다. 그러다 노을이 지면 해변으로 나가 넋 놓고 노을을 바라보았다. 어떤 날은 이웃사람의 방갈로에서 새벽까지 음악 소리가 들리기도 했다. 나 역시 밥을 먹으러 나갔다 오는 것이 유일한 외출이었다. 그마저 귀찮으면 숙소에 딸려 있는 식당에서 사 먹기도 했다.

그러다 하루는 말수 없는 이웃사람이 평소와 다른 인사말을 건넸다.

"심심하지 않아?"

"나? 괜찮은데."

말하고 나니 너무 성의 없이 대답한 것 같아 얼른 주섬주섬 말을 덧붙였다.

"너 심심하니? 그럼, 냐짱Nha Trang으로 가 봐. 해변도 여기보다 훨씬 크고 할 것도 많아. 거긴 여행자들도 많아서 심심하진 않을 거야."

"아니, 조용한 무이네가 좋아. 냐짱은 지금 매우 시끄러울 걸."

하긴, 뗏이 어디 보통 국경일인가. 게다가 냐짱은 중남부 해변의 최대 휴양지다. 무이네도 휴양지이긴 하지만 냐짱에 비하면 소박한 어촌 마을이다. 나는 손목이 좀 나아지는 것 같아 이제 사막을 가 볼까 생각하던 참이었다.

"혹시 사막에 가 봤어? 거리가 얼마나 되지? 자전거 타고 갈 수 있을까?"

"가능하지. 너는 자전거 타다 넘어져 놓고 또 자전거를 타려고? 마켓에 가면 여행사에서 운영하는 사막투어 버스가 있어. 그걸 타고 편하게 가지 그래?"

"투어버스는 단체로 가는 거 아냐? 시간 맞춰 돌아와야 하잖아."

"그렇긴 하지."

무이네에는 택시나 쎄움오토바이 택시이 없다. 택시를 대절하려면 숙소에 예약을 해야 하는데 연휴 기간이라 택시도 많지 않을뿐더러, 있어도 근처 도시인 판티엣에서 불러오는 것이라 가격이 만만찮을 것이었다.

다음 날 아침, 이웃사람이 내 방갈로 앞에서 소리쳤다.

"사막에 가자!"

오토바이를 빌린 모양이었다. 그렇게 엽서 속 사막에 가게 되었다.

무이네에서 길을 잃을 염려는 없다. 응우엔딘추Nguyễn Đình Chiểu라는 조금 긴 이름의 외길 도로가 무이네를 가로지르고 있을 뿐이다. 무이네를 중심으로 서쪽으로 가면 고급 리조트가 있는 판티엣Phan Thiế, 동쪽으로 가면 피싱 빌리지Fishing Village가 나온다. 사막으로 가려면 동쪽으로 가야 했다. 바람을 타고 액젓 냄새가 코끝을 찔렀다. 길가에 장독대처럼 쌓아 둔 항아리에 들어 있는 느억맘Nước mắm 때문이었다. 느억맘은 작은 생선으로 만든 피시 소스다. 베트남의 식탁에서 빼놓을 수 없는 양념으로 베트남 사람들은 느억맘을 거의 모든 요리에 사용한다. 베트남의 바닷가 도시는 대부분 느억맘을 생산하고 있는데 특히 무이네(판티엣)산은 베트남에서도 일품으로 꼽힌다. 그래서인지 길가에 느억맘 광고 간판이 종종 눈에 띄었다.

조금 더 동쪽으로 가니 탁 트인 바다에 어선들이 가득 떠 있는 이색적인 풍경이 눈에 들어왔다. 어부들은 밤새 잡아 올린 생선과 조개, 새우, 게, 주꾸미 등의 해산물을 옮기느라 분주했다. 정박해 있는 어선 사이로 대나무로 만든 둥그런 배 '까이뭄Chai Mum'도 둥둥 떠 있다. 어선들은 뭍까지 들어오지 못해 이 둥그런 배가 잡아 온 해산물을 중간에서 운반하는 역할을 한다. 마을에서 아이들이 이 배를 나무에 걸어 그네를 타는 모습을 본 적이 있다.

길을 따라가다 좌회전을 하니 붉은 모래사막Red Sand Dune이 약간은 뜬금 없이 나타났다. 모래언덕 위에 서니 마을과 바다가 한눈에 시원하게 들어왔다. 어디선가 아이들이 나타나 서로 널빤지를 내밀며 모래서핑을 하라고 난리다. 나이 지긋한 관광객들은 못 이기는 척 널빤지를 받아 눈썰매를 타듯 모래언덕을 미끄러져 내려왔다. 해풍으로 자연스럽게 생긴 이 거대한 모래언덕은 도로 바로 옆에 있어 사막 놀이공원처럼 느껴졌다.

이웃사람은 조금 더 멋진 사막을 보여 주겠다고 했다. 헤매지도 않고 길을 찾아가는 걸 보면 분명 초행길이 아닌 듯했다. 조금 더 가니 이번에는 흰 모래사막White Sand Dune이 펼쳐졌다. 사막에는 낙타가 아닌 사륜구동차가 모래언덕을 종횡무진 달리고 있었다. 가장 높은 모래언덕이다 싶어 오르면, 또 그곳에서부터 물결치듯 펼쳐지는 더 높은 모래언덕이 나왔다. 어디가 시작이고 끝인지 알 수 없는 광활한 사구. 흰 모래가 곱게 결을 이루어 놓은 모래언덕 옆으로 맑은 쪽빛 호수가 아름답게 어우러졌다. 곳곳에 있는 연못 때문일까, 황량하고 장엄한 느낌보다는 따뜻하고 온화한 느낌이 드는 사막이었다. 아래에서 커피를 마시며 기다리고 있던 이웃사람은 투어버스보다 더 오래 기다려 준 거라며 빙그레 웃었다.

내가 불쌍해 보였던 걸까. 손을 다쳐 머리도 못 감고 숙소에서 뒹굴거리고만 있었으니, 게다가 자전거를 타고 사막에 가겠다고 하니 무모하게 보였을지도 모른다. 어쩌면 이웃사람은 본의 아니게 사고 목격자(?)여서 내가 더욱 측은해 보였을 수도 있다. 이래저래 마음 써 준 것이 고마워 저녁을 사고 싶었다. 그러자 본인도 심심하던 차에 바람 쐬어 좋았다며 한사코 거절했다. 어차피 저녁은 먹어야 하지 않느냐며 부추겨 결국 보케Bo Ke 식당에 갔다. 보케 식당은 이동식 해산물 포장마차로 해가 지면 해변을 따라 불을 밝히며 등장한다. 진열되어 있는 해산물을 고르면 즉석에서 숯불에 구워 내온다. 아마 낮에 갔던 피싱 빌리지에서 공수해 온 해산물일 것이다. 나는 사이공맥주를, 이웃사람은 333맥주로 건배하며 보람찬 하루를 자축했다. 주문할 때 보니 이웃사람은 베트남어도 조금 하는 것 같았다. 무이네가 처음이 아니냐고 묻자, 오래전에 친구와 온 적이 있다고 했다.

붕대를 풀고 무이네를 떠나는 날, 나보다 먼저 온 이웃사람은 그때까지도 떠날 기미를 보이지 않았다. 작별 인사를 나누면서 얼마나 더 오래 머물 거냐고 별 생각 없이 물었다.

"글쎄, 나도 다 나으면."

의외의 대답이었다. 무슨 사연인지는 모르지만 그 말을 듣는 순간, 이웃사람을 조금은 이해할 수 있을 것도 같았다.

무이네는 어쩌면 치유하기 좋은 곳인지도 모른다. 사막이 있으니까. 사막은 누군가 낸 발자국을 바람과 모래로 슬며시 지운다. 아무리 큰 발자국도 어떤 흔적도 가느다란 모래알로 아무 일 없었다는 듯이 말끔히 지워 버린다. 아마 지금도 사막의 모래는 일처럼 바람을 따라 이곳에서 저곳으로 옮겨 다니며 누군가의 발자국을 지우고 있을 것이다. 그래서 어지럽지 않게 말끔한 모래 위를 다시 걷게 한다. 사막을 만드는 것이 모래의 일이라면 무이네에서는 그 따뜻한 모래 위를 담담히 걷는 일만 남았다.

---

**무이네로 가던 잊지 못할 버스**
호찌민—무이네까지 가는 버스는 두 종류가 있다. 일반 좌석버스와 이층 침대버스. 내가 탄 버스는 이층 침대버스였다. 어렵사리 구한 티켓의 좌석은 맨 마지막 번호였고, 알고 보니 버스의 맨 뒷좌석, 화장실 바로 옆이었다. 그것까지는 참을 만했으나 베드 세 개가 나란히 붙어 있었다. 맨 뒷좌석은 베드를 세울 수도 없어서 본의 아니게 계속 누워 있게 되었는데, 하필(?) 옆 좌석의 두 사람이 커플이었다. 보통 호찌민—무이네까지 4~5시간이면 가는데 그날따라 어찌나 막히던지, 나는 7시간 내내 모로 누워 있어야 했다. 그 뒤로는 침대버스의 맨 뒷좌석은 어지간하면 타지 않는다. 차라리 일정을 바꾸고 말지.

# INFORMATION

## 무이네를 여행하는 법

### 무이네로 가는 방법
무이네에서 가장 가까운 공항은 호찌민에 있다. 인천-호찌민으로 가는 방법은 P.209의 베트남 여행 필수정보 참고. 호찌민-무이네는 버스로 4~5시간 소요된다.

### 무이네의 유일한 액티비티, 모래서핑
믿기 어렵겠지만 무이네에서 여행자가 할 만한 짜릿한 체험(?)은 하나도 없다. 사실이다. 그러니 무이네에서는 아무것도 안 해도 좋다. 여행지에서 뭘 꼭 해야만 하는 것은 아니니까. 사막을 걷는 것만이 무이네에서 유일하게 할 일이다. 사막을 걷는 일이 단조롭다면, 조금 시시하지만 모래서핑을 해 보자. 눈썰매처럼 미끈하게 내려가지는 않는다. 8~10월 사이에 무이네에 있다면 윈드서핑이나 큰 연에 매달린 채 파도를 타는 카이트서핑을 할 수도 있다. 파도가 크고 거친 무이네는 서핑하기에 좋은 장소로 알려져 있다.

### 여행하기 좋은 시기
무이네는 계절이 우기와 건기로 나뉜다. 여행하기 좋은 계절은 건기인 11~4월까지다. 우기는 5~10월까지인데 3~5월은 매우 덥다.

# 중국

윈난 여행자들의 여정은 쿤밍에서 시작해 따리-리장-중띠엔으로 이어진다. 희다 못해 푸르른 빛깔의 따리, 은은한 노란빛과 붉은빛이 감도는 리장, 중국 정부가 제임스 힐튼의 소설 『잃어버린 지평선』에 나오는 샹그리라(香格里拉)라고 개명한 중띠엔까지. 윈난 여행은 타임머신을 타고 지상 어딘가에 존재하는 낙원을 찾아 떠나는 여행이다.

따리 · 리장 티베트
# CHINA

# 구름의 남쪽, 봄이 영원히 머무는 마을
**중국, 따리·리장**

밤이 되면 리장은 더욱 화려한

옷으로 갈아입는다. 목조 건물

처마에 매달린 홍등이 붉은빛을

내보내면 마치 신호라도 되듯

배낭여행자들이 하나둘 구시가지인

스팡제로 모여든다. 골목을 휘돌아

흐르는 수로 옆에는 유난히

버드나무가 많이 심어져 있다.

방콕에서는
가끔
약속 없이도

여행 중인 지인들을 만나게 된다. 아시아와 유럽을 잇는 다양한 항공 노선이 취항하기 때문이다. 반가움에 그간의 회포를 나누다가 때로는 여행이 예상치 못한 방향으로 흐르기도 한다. 각자 볼일을 보고 O월 O일 O시에 윈난雲南에서 만나자는 도원결의 뺨치는 우리의 맹세도 그렇게 객기와 취기로 맺어졌다.

쿤밍昆明 공항에 내리니 먼저 도착한 T형과 E언니가 환하게 웃고 있었다. 동행자 T형은 중국어 학원을 2년 동안 다녔다고 큰소리치면서도 늘 삐끼(호객꾼)를 따라다니다 어리숙하게 바가지를 쓰기 일쑤였다. 반면, E언니는 매사 논리적이고 합리적이어서 좀처럼 무리수를 두는 일이 없었다.

두 사람은 서로 다른 이유로 입맛이 까다로웠다. T형은 찻잎을 띄우지 않은 물은 마시지 않고, 밥상에 고기가 오르지 않으면 젓가락을 들지 않았다. 반면, E언니는 채식주의자여서 다리 달린 것은 책상만 빼고 모두 먹는다는 중국에서 마땅히 젓가락을 둘 데가 없었다. 그들 덕분에 나는 고기와 풀을 넘나드는 균형 잡힌 식사를 할 수 있었음은 물론이고, T형이 사고 치는 것을 E언니가 수습하므로 마음 편하게 따라 다니면 되었다.

중국 여행은 동행이 있을수록 좋다고 생각한다. 가장 큰 이유는 음식 때문이다. 볶음밥, 국수, 만두 등의 단품 요리도 있지만, 중국의 음식문화는 이것저것 골고루 시켜 놓고 다 같이 둘러앉아 먹는 것이 일반적이다. 밥과 반찬 한두 가지로 만족해야 하는 어려움 말고도 개인적으로 중국 여행은 뭔가 모르게 불편한 구석이 있었다. 콕 집어 말하긴 어렵지만 중국인의 기질과 사회주의 국가 전반에서 오는 특유의 분위기 때문이 아닐까 싶다. 그래서 혼자 중국 여행을 할 땐 편두통 같은 피로감을 내내 달고 다녔다.

한데, 처음 윈난성雲南省에 발을 들여놓았을 때 거짓말처럼 두통이 싹 가셨다. 중국의 여느 도시와 달라도 너무 달랐기 때문이다. 일단 사람들부터 달랐다. 중국 인구는 13억, 그중 92%가 한족漢族이다. 하지만 윈난은 인구의 절반이 소수민족이다. 이들에게서 느껴지는 분위기는 1960~70년대 우리네 시골 마을 사람처럼 매우 정겹다.

유난히 소수민족 사람들이 환하게 웃는 것은 온화한 기후 덕도 있을 것이다. 해발 1,890m인 쿤밍은 일 년 내내 푸르른 가로수와 화사한 꽃, 맑은 하늘, 부드러운 바람이 감돈다. 이런 땅이니 중국 전체의 식물과 동물의 종種 절반이

이곳에 살고 있는 것이리라. 윈난云南은 '구름의 남쪽'이라는 뜻이고, 그 성도 省都인 쿤밍昆明은 '봄의 도시'라는 뜻이니 기후는 더 말하면 무엇 할까. 여행 중에 날씨는 얼마나 중요한가. 윈난 여행은 일단 날씨가 만족스러우니 모든 것이 순탄했다. 동행 때문에 식탁이 풍요로운 건 말할 것도 없고.

중국 전체를 소개하는, 무려 1,050페이지에 달하는 방대한 중국 가이드북에는 윈난을 이렇게 소개한다. '중국에서 만약 단 한 곳만 여행할 수 있다면 이곳 윈난성으로 가는 것이 좋을 것이다.'라고. 이 말이 과장이 아니라는 것을 첫 윈난 여행에서 온몸으로 알아차렸다.

윈난의 성도인 쿤밍에서 5시간을 달리면 따리시大理市의 시청 소재지인 샤관下關에 도착한다. 대부분의 여행자들이 여기에서부터 어리둥절하기 시작한다. 샤관도 행정구역 상 따리시에 속하지만 여행자들이 머릿속에 그리는 '따리'라고 하는 고성 마을은 시내버스로 15km를 더 가야 하기 때문이다. 시내버스는 시먼西門 근처에 우리를 내려 주었다.

동서남북 사대문을 따라 성곽이 둘러쳐져 있는 따리에서 여행자들은 주로 고성 인에서 머문다. 따리는 동쪽으로는 얼하이耳海 호수, 서쪽으로는 창산蒼山 자락으로 이어지는 안락한 곳에 위치해 있어 오래전부터 장기배낭족의 아지트 역할을 했던 곳이다. 지금은 윗마을인 리장이 유명해져서 그 길목인 따리까지 분주해지기 시작했다. 하지만 여전히 따리에는 얼하이 호수에서 보트를 타거나, 자전거를 타고 외곽을 다녀오거나, 말을 타고 창산 트레킹을 하거나, 요일별로 열리는 시장을 기웃거리거나 하는 것으로 소일하는 여행자들이 많다. 그들은 이곳에서 날짜를 세지 않고 하염없이 시간을 보내고 있다.

십자로 난 고성 안의 길은 시원시원하고 널찍해 길을 헤맬 이유가 없다. 서쪽에서 동쪽으로 이어지는 후궈루護国路를 현지인들은 '외국인 거리'라는 뜻인 양런지洋人街라고 부르는데, 이 길은 방콕의 카오산 같은 곳으로 여행자들의 식당, 숙소, 상점, 술집, 카페 등이 밀집해 있다. 자갈이 깔린 골목에는 석조 건물이 마주하고 있고, 햇볕 좋은 날 야외까지 테이블을 내어놓은 카페는 한가로이 앉아 지나는 사람을 구경하기에 좋다. 고성 안의 길은 탁 트여 걷기에 조금 심심할 수도 있지만, 남문에서 북문으로 이어지는 푸싱루复兴路 양옆으로 즐비한 따리의 특산품을 구경하는 것은 생각보다 재미있다.

따리는 색깔로 치면 흰색이라고 할 수 있을 것이다. 그냥 흰색이 아니라 푸른빛이 감도는 흰색. 따리 인구의 3분의 2는 소수민족인 바이白족이다. 이름처럼 흰색의 전통의상을 즐겨 입는데, 눈치 빠른 사람이라면 따리에 유난히 흰색 건물이 많다는 것도 금방 알아차릴 것이다.

이 고장의 이름에서 유래된 대리석大理石은 따리의 손꼽히는 특산물로 흰빛과 잿빛이 오묘하게 뒤섞여 반짝인다. 정교하게 그려진 대리석 산수화부터 이름을 새겨 주는 도장까지 대리석으로 만들 수 있는 것은 죄다 만들어 내놓고 사람들을 유혹한다. 때문에 따리를 떠나는 여행자의 배낭 속에는 크기와 종류를 막론하고 돌 하나쯤은 들어가 있게 마련이다.

따리는 바이족의 전통염색법인 찰염紮染 방식을 이용해 천연염색을 하는 것으로도 유명하다. 실로 천을 묶어 모양을 낸 뒤 염료를 푼 물에 천을 담갔다가 꺼낸다. 그런 다음 실을 풀면 신기하게 묶은 모양대로 예쁜 문양이 만들어진다. 유난히 푸른빛과 흰빛으로 날염한 천이 많은데 이는 따리의 파란 하늘과 흰 옷을 입는 바이족 사람들을 닮았다. 나는 푸른빛이 감도는 티셔츠를, E언니는 무명 위에 날염한 바틱Batik을 한 장씩 구입했다. T형은 누구에게 선물하려는지 은으로 된 비녀를 들었다 놨다 했다. 상인은 은이라고 했지만 내가 보기에는 암만 봐도 놋쇠로 만든 것처럼 보였다.

따리에 있다가 리장에 오면, 살짝 현기증이 난다. 같은 색깔의 모자나 조끼를 맞춰 입고 깃발 든 가이드를 따라 우르르 몰려다니는 중국인 단체 관광객들이 거리를 가득 메우고 있어서다. 심지어 그들의 차림새와 동선이 하도 비슷해서 관광객 엑스트라라도 동원한 것이 아닐까 싶은 생각마저 든다. 그럼에도 불구하고 리장은 윈난성의 하이라이트로, 그냥 지나치긴 아까운 곳이다. 아니, 윈난을 찾는 여행자들의 최종 목적지는 사실 이곳 리장이라고 해도 과언이 아니다.

1996년 리장에는 리히터 진도 7 이상의 강력한 지진이 일어나 수많은 사상자가 발생했다. 당시 중국 정부는 막대한 돈을 들여 자갈과 나무를 이용하던 나시족의 전통 건축양식을 그대로 재연하는 데 성공했다. 덕분에 이 마을 자체가 1999년에 세계문화유산으로 지정되었다. 구불구불 미로처럼 이어진 골목길, 그 옆으로 유유히 흐르는 수로, 운치 있게 지어진 목조 건물, 이 그림 같은 풍경 덕분에 리장은 윈난에서 여행자들이 가장 많이 찾는 명소가 되었다.

따리에 바이족이 있다면, 리장에는 나시納西족이 있다. 나시족은 본래 티베트족의 유목민 후손으로 1,400년 전 리장에 삶의 뿌리를 내렸다. 리장에서 가장 흥미로운 것 중의 하나는 바로 이들이 사용하는 동파문東巴文이다. 리장의 골목을 걷다 보면 담벼락의 타일이나 상점에서 파는 티셔츠에서 그림 문자를 볼 수 있는데, 이것이 바로 천 년 전에 나시족이 만든 동파문자다. 동파는 '지혜로운 사람'이라는 의미로 그들의 종교인 동파교東巴教의 사제를 뜻한다. 중국 정부의 한화정책에도 불구하고 오늘날까지 동파문이 고스란히 보존될 수 있었던 건 동파들이 이 문자를 경전으로 기록했기 때문이다. 그들은 약 3,000여 개의 상형문자를 이용해 신화, 전설, 종교의례, 천문역법, 사회생활 등 나시족 문화를 꼼꼼하게 기록해 두었다.

동파문은 자세히 보면 매우 흥미롭다. 글자 모양이 나타내고자 하는 사물의 본모습에 가깝게, 또는 특징이 부각되어 있어 뜻을 읽어 내는 재미가 있다. 예를 들어 돼지는 입, 말은 갈기, 호랑이는 얼룩무늬로 표현되고, 사랑愛이라는 말은 남자와 여자가 나란히 앉아 있는 모습으로, 싸운다戰는 뜻은 두 사람이 창을 맞대고 있는 모습으로 표현된다. 이 그림 같은 글자는 죽필에 천연염료로 채색되어 있어 매우 아름답다.

더 놀라운 것은 동파문이 지금도 일부 사용되고 있다는 사실이다. 현존하는 인류 최후의 상형문자라는 가치를 인정받아 유네스코 기록문화유산으로 지정되어 있다. 리장에는 한자와 동파문을 동시에 걸어 놓은 간판들도 종종 눈에 띄는데, 한자 이름을 내밀면 돈을 받고 동파문으로 이름을 써 주는 상점도 있다.

나는 리장에 가면 풍경風磬, 처마 끝에 다는 작은 종을 파는 상점에 가서 시간을 보내곤 했다. 놋으로 만든 작은 종 밑에는 손바닥 크기의 둥그런, 혹은 네모난 널빤지가 달려 있는데 그 나무판에 동파문자가 새겨져 있다. 나는 이것이야말로 리장을 가장 잘 보여 주는 기념품이라고 생각한다. 리장은 오래전 차마고도茶馬古道의 길목이었다. 차마고도는 보이차의 고향인 윈난 남부의 푸얼普洱에서 따리-리장-중띠엔을 거쳐 티베트까지 가는, 윈난의 차茶와 티베트의 말馬을 교환하기 위해 마부들이 오가던 험난한 길이다. 당시 마부들은 리장에 도착하면 안전을 기원하는 뜻의 동파문자를 나무판에 새겨 워낭과 함께 말의 목에 매달았는데, 그것이 이렇게 기념품으로 바뀐 것이다. 산들바람이 불어 종소리가 딸랑거리고, 동파문이 새겨진 나무판이 살랑거리며 움직이는 걸 보고 있으면, 차와 말을 사고팔기 위해 목숨 걸고 오갔을 마부들의 험난한 여정이 떠올라 괜히 마음이 뭉클해진다.

보이차 이야기가 나왔으니 말인데, 윈난은 보이차의 산지로 유명하다. 중국어로는 푸얼차普洱茶라고 한다. 푸얼차는 검은빛을 띠는 찻잎을 둥근, 혹은 네모난 덩어리 형태로 압축해서 판매한다. 후발효차라서 숙성 기간에 따라, 즉 오래될수록 값이 상당하다.

리장의 찻집은 호객꾼들이 시음을 권하며 지나는 손님을 불러 세운다. 맹물을 마시지 않는 T형은 그때마다 멈칫했다. 어느 순간, 앞서 걷던 T형이 수십 년 된 보이차를 단돈 몇 원에 시음할 수 있는 찻집이 있다며 우리를 향해 뛰어왔다. 그의 뜻에 따라 소주잔만 한 크기의 황금빛으로 잘 우려낸 차 한 잔씩을 마시는 것까지는 좋았다. 잔을 내려놓기가 무섭게 주인장은 방금 우리가 마신 차가 40년 된 푸얼차라고 했다. 졸지에 우리는 한국 돈으로 만 원씩을 내야 했다. 겨우 목만 축였을 뿐인데 말이다. 어쩔 수 없이 돈을 내긴 했지만 솔직히 주인장의 말이 믿기지 않았다. 40년 전이라면 문화혁명 당시부터 쟁여 놓았다는 것인데, 그 귀한 차를 지나가는 뜨내기 여행자에게, 그것도 잔으로 판단 말인가! 차라리 400년이라고 하지. 투덜거렸지만 중국인의 상술에는 당할 수가 없었다.

모든 것은 호객꾼의 말을 잘못 알아들은 T형 탓이었다. 알고 보니 2년 동안 다녔다는 중국어 학원은 진도를 못 따라가 2년 내내 초급반만 다녔다는 것이다. 어쨌거나 동행이 있으면 추억거리도 다양해지는 법. 리장에서 소수민족 의상을 빌려 입고 기념 촬영을 하며 낄낄대는 즐거운 일도 혼자 하기는 힘든 일이니까.


밤이 되면 리장은 더욱 화려한 옷으로 갈아입는다. 목조 건물 처마에 매달린 홍등이 붉은빛을 내보내면 마치 신호라도 되듯 배낭여행자들이 하나둘 구시가지인 스팡제四方街로 모여든다. 골목을 휘돌아 흐르는 수로 옆에는 유난히 버드나무가 많이 심어져 있다.

여행자들은 나무 밑 테이블에 앉아 물소리를 들으며 양꼬치를 안주 삼아 삼삼오오 모여 술을 마신다. 자연스레 옆 테이블의 여행자와 눈인사를 하다가, 서로 지나온 길과 가야할 길에 대한 정보를 나눈다. 합석을 하게 되면 여기저기서 여행자들의 무용담이 흘러나온다. 아무리 혼자 여행하는 사람이라도 이야기 주머니 하나쯤은 있게 마련. 위룽쉐산玉龍雪山의 빙하에서 말을 타다 떨어졌다는 이야기, 후타오샤虎跳峽 협곡 트레킹 중 산사태가 일어나 길을 잃을 뻔했다는 이야기, 매리설산梅里雪山에서 스스로 전생에 티베트 사람이었다는 걸 깨달았다는 이야기 등등, 넓은 땅 덩어리를 여행하다 보니 스케일이 커진 건지 옆 테이블에서 들려오는 여행자들의 이야기가 거의 무협지 수준이다.

밤이 깊어가고, 여행자들이 모두 돌아간 텅 빈 구시가지에는 졸졸졸 수로의 물 흐르는 소리만 남는다. 바닥이 반질반질한 돌길을 걸으며, 이 골목 어딘가에 그 옛날 차를 싣느라 분주했을 마방馬幇이 있었겠지, 생각한다. 그러면 말들의 거친 숨소리와 말의 목에 매달려 딸랑거리는 워낭 소리가 밤바람에 실려 와 들리는 것도 같다.

### 리장의 잊지 못할 풍경, 위룽쉐산

산에 쌓인 눈이 마치 한 마리의 은빛 용이 누워 있는 모습 같다 하여 '옥룡설산'이라는 이름이 붙은 위룽쉐산은 『서유기』에서 손오공이 갇혀 벌을 받았다는 산으로 전해진다. 일 년 내내 눈이 녹지 않는 만년설로 덮인 이 산에 리프트가 있다는 이야기를 듣고 가 봤다. 정말로 2,000년 전 호수였다는 건해 목초지 3,050m 초원을 지나 구름털 목초지 4,500m까지 리프트가 연결되어 있었다. 10여 분 만에 끝나긴 했지만, 단숨에 구름 속을 뚫고 하늘로 오르는 리프트는 어떤 놀이기구보다 짜릿했다. 구름털 목초지에 있는 원시림 속 긴 산책로를 지나 전망대에 올랐다. 구름과 안개에 가린 설산이 슬쩍슬쩍 속살을 보여 줄 듯 말 듯 하다가, 한순간에 뚜렷하고 선명하게 시야에 들어왔는데 마치 거대한 입체 수묵화 한 장이 펼쳐진 듯했다. 땅으로 내려오니 아래 세상은 포근한 것이 잠시 리프트를 타고 어딜 갔다 왔나 싶었다.

 **INFORMATION**

### 따리·리장을 여행하는 법

#### 따리·리장으로 가는 방법
많은 여행자들이 윈난을 쿤밍-따리-리장 순으로 여행한다. 쿤밍의 베이징루(北京路)에 있는 장거리 버스터미널에서 따리와 리장으로 가는 버스가 수시로 출발한다. 쿤밍-따리(샤관)는 4~5시간 소요되며, 샤관에서 다시 따리 고성까지는 버스로 20분 정도 이동해야 한다. 따리-리장은 버스로 3시간 소요된다. 쿤밍-리장으로 바로 가는 버스는 9시간 소요되며 야간에는 침대버스도 운행한다. 쿤밍에서 따리·리장까지 기차나 국내선 항공으로도 이동이 가능하다.

#### 따리에서의 특별한 밤, 남조풍정도
얼하이 호수는 창산에서 흘러내린 물이 고여서 이루어진 250km² 넓이의 바다 같은 호수다. 이 호수의 동북쪽에 남조풍정도(南詔風情島)라는 섬이 있다. 섬은 작지만 과거 남조 시대 왕의 여름별장이 있었을 정도로 풍경이 아름답다. 유람선을 타고 들어가 섬을 가볍게 몇 시간 둘러볼 생각이었던 여행자들은 섬에 도착해 후회하기 시작한다. 온갖 꽃들이 가득 핀 숲속 산책길과 한적한 호숫가 해변이 있는 이 섬을 급히 떠나고 싶은 생각이 들지 않기 때문이다. 하이라이트는 남조풍정도의 밤이다. 호수의 파도 부서지는 소리와 밤하늘을 가득 채운 별이 빛나는 섬에서의 하룻밤은 따리 여행을 더욱 특별하게 만든다.

#### 리장에서의 멋진 트레킹, 후타오샤 협곡
리장에 머무는 여행자들의 통과의례로 여겨지는 후타오샤(虎跳峽) 트레킹. 한국인들에게는 호도협이라고 불린다. 이 트레킹은 '세계에서 가장 깊은 협곡'을 걷는다는 사실 자체로 매력적인데, 협곡의 길이가 무려 16km에 이른다. 양쯔강의 상류인 진사강(金沙江)이 하

바쉐산(哈巴雪山)과 위룽쉐산(玉龍雪山) 사이에서 급류로 변해 세계에서 가장 깊은 협곡을 통과한다. 급류 중간에 있는 바위에서 호랑이가 양쯔강을 건넜다는 전설이 전해 내려와 호도협이라는 이름이 붙었다. 물론 그러기엔 협곡 사이가 너무 넓어 믿거나 말거나이지만. 트레킹이 시작되는 초입에 말을 모는 호객꾼들이 있어 원한다면 어렵지 않게 트레킹을 할 수 있다. 7~8월 중에는 비가 내려 신사태가 일기도 하고, 계곡이 불어 길이 막히기도 하므로 출발 전에 예약한 카페나 숙소에서 트레킹 가능 여부를 반드시 확인해야 한다.

## 윈난 여행 필수정보

### 여행하기 좋은 시기
윈난은 춘성(春城)이라고 불릴 정도로, 사계절 내내 온화한 기후를 자랑하는 곳이다. 일조량이 많고 계절별로 기온차가 적은 대신 일교차는 10℃ 안팎으로 큰 편이다. 겨울이어도 따리와 리장은 온도가 영하로 떨어지는 일이 없어서 사계절 언제 가도 각 계절의 매력을 한껏 느낄 수 있다. 쿤밍의 평균기온은 여름은 6~8월은 20℃, 겨울인 11월 중순~2월 말은 10℃ 정도다.

### 윈난으로 가는 방법
인천에서 윈난의 성도인 쿤밍까지 대한항공, 동방항공이 직항편을 운항한다. 직항은 약 5시간 소요된다. 또는 베이징이나 상하이를 경유하는 중국남방항공이나 중국국제항공 등의 저렴한 경유편도 많다.

### 중국 비자
중국은 출발 전에 비자를 받아야 한다. 단, 관광비자는 개인이 직접 신청할 수 없고 대사관에서 지정한 여행사를 통해서만 접수가 가능하다.
주한중국대사관
www.chinaemb.or.kr/kor

울지 마라. 아무도 울지 않는다
**중국, 티베트**

시간이 조금 지났다고 그때의 느낌을

말할 수 있을까. 애써 외면하고 싶었던

것을 제대로 마주 대한 당혹감이었는지도

모른다. 천장을 보고 나서 며칠 동안은

마음이 많이 어렵고 피곤했다.

지금도 가끔 천장이 생각나곤 한다.

지금은 어떤 느낌이냐고 그 티베트인이

다시 내게 묻는다면, 조금은 평안해졌다고

말할 수 있을 것도 같다.

## 동틀 무렵,
## 라싸의
## 조캉 사원

광장으로 사람들이 하나둘 모여든다. 조캉 사원 정문을 향해 준비해 온 돗자리를 펴고는 누가 먼저랄 것도 없이, 두 무릎과 두 팔, 이마가 땅에 닿도록 하는 절, 오체투지를 시작한다. 간간히 풀어진 머리를 매만지거나 보온병에 담아 온 버터티를 마시고 밥을 먹을 때를 제외하곤 오체투지는 해가 질 때까지 계속된다. 절을 할 기력이 없어 보이는 노인들은 반듯한 자세로 앉아 입으로 중얼중얼 경문을 외운다. 왼손에는 염주가 들려 있고, 오른손에는 법문이 들어 있는 마니차가 빙글빙글 돌아간다.

 이들이 오체투지로 향하고 있는 조캉 사원은 티베트에서 가장 신성한 종교 건축물이다. 그 조캉 사원을 동서남북으로 둘러싼 바코르Barkor를 시계 방향으로 도는 것은 티베트 사람들에게 중요한 순례의 의미를 가진다. 바코르를 순례하기 위해 시골에서 며칠에 걸쳐 먼 길을 걸어오는 사람도 적지 않다.

 바코르에서 한 여자가 나의 눈길을 끌었다. 그녀의 몸통에는 노끈이 허리띠처럼 매어 있었는데 그 끈은 아장아장 걷는 서너 살배기 아이의 몸통과 연결되어 있었다. 여자는 바코르를 오체투지로 도는 중이었다. 여자의 두 무릎과 팔꿈치에 덧댄 천은 해질 대로 해져 있었다. 호기심 가득한 아이가 어딘가로 가려고 할 때마다, 여자의 허리로 연결된 끈이 팽팽하게 아이를 잡아당겼다. 아이를 잃어버릴까 봐 허리춤에 매어 두고서라도 오체투지를 해야만 하는 이런 절절한 모습을, 티베트 망명 정부가 있는 인도 북부 다람살라에서도 나는 보지 못했다. 다람살라에서 만난 티베트 난민들은 모두 티베트를 사무치도록 그리워했다.

티베트에 있는 사람들의 삶도 녹록지는 않다. 중국 정부의 그늘에서 고된 삶은 계속되고 있고, 그러니 그저 온몸을 내던지는 고통스러운 오체투지를 하며 신앙심으로 하루하루를 이겨 내며 살아가는 수밖에 없는 듯했다.

주인 없이 텅 빈 포탈라 궁, 달라이라마가 없는 라싸에서 한 번 덥혀진 마음이 좀처럼 식지를 않았다. 그러던 중 나의 심장을 더욱 뜨겁게 만든 일이 있었다. 이제야 정리가 조금 되어서 뭐라도 쓸 수 있을 것 같다. 2004년 4월 5일, 지금까지 내가 살아오면서 목격한 가장 충격적인 장면에 대하여.

오래전부터 나는 티베트에 가게 되면 그들의 장례 풍습인 천장 天葬, 혹은 조장을 꼭 보리라 별렀으나 시체가 없다, 혹은 주말이다 등의 이유로 계속 미루어졌다. 그러다 마침내 기회가 되어 어렵사리 보게 되었다. 새벽 5시 30분. 같은 숙소에 묵고 있던 여행자 몇 사람을 모아 총 7명으로 팀을 만든 우리는 지프를 빌려 천장 장소로 향했다.

남의 장례식에 가는데 술이라도 한 병 사 가야 되지 않겠느냐는 한국인 아저씨의 객쩍은 농담을 흘려들으며 꾸벅꾸벅 졸다 보니 어느새 차는 3시간을 달려 사원 앞에 도착했다. 티베트에서는 사람이 죽으면 3일 동안 집 안에 시신을 안치한 후 사원으로 옮겨 기도를 드린 다음 천장을 하는 것이 일반적이다. 나는 사원 안으로 들어가지 않고, 일행들과 헤어져 일찌감치 천장 장소로 향했다. 호젓하게 혼자 걷고 싶었다.

사원 위로 굽이굽이 꺾인 비탈길을 오르자 길이 두 갈래로 나뉘었다. 어디로 가야 되는 걸까. 너무 이른 아침이라 길을 물어볼 사람도 없어 망설이고 있

는데, 머리 위로 한 무리의 까마귀들이 떼를 지어 날아갔다. 그래, 까마귀를 따라가자. 까마귀를 따라 20여 분을 올라가니 넓은 공터가 나왔다. 공사 중인 몇몇 사람들이 앉아서 휴식을 취하고 있었다. 꾸벅 인사를 하고 다가가 물었다.

"티엔짱? 티엔짱?(천장? 천장?)"

나를 쳐다보며 자기들끼리 티베트 말로 뭐라 뭐라 하더니 웃는다. 여기가 아닌가? 마음이 급해졌다. 여기가 아니라면 얼른 돌아가야 하는데. 잠시 후 개중에 가장 젊어 보이는 청년이 씩 웃으며 뜻을 알아챘다는 듯이 고개를 끄덕이고는 철조망이 쳐 있는 공터를 가리켰다. '사진촬영금지'라는 푯말이 붙어 있는 걸 보니 맞을 것 같다는 생각이 들었다. 다시 물었다.

"요? 메이요?(있어요? 없어요?)"

다시 사람들이 낄낄대고 웃는다. 나는 눈 위에 有 자와 無 자를 한자로 쓰고 막대기를 청년에게 집어 주었다. 오늘 천장이 있으면 有에 동그라미를, 없으면 無에 동그라미를 치라는 뜻에서다. 그는 내가 쓴 有, 無 글자를 밑에 그대로 받아 적고는 나와 글자를 번갈아 보며 웃는다. 이해를 못 한 건가, 글을 못 읽는 건가. 주위를 둘러보니 눈 내린 산이 병풍처럼 둘러쳐 있다. 정말 아름다운 곳이다. 천장이 이루어지는 곳은 사방이 산으로 둘러싸여 있고 기운이 맑은 곳이라는 얘기를 들은 적이 있다. 에라, 여기가 아니면 또 어때. 여기서 몇 시간 놀다 가면 되겠다 싶었다.

나는 '티엔짱? 요? 메이요?' 하면서 못질을 하는 그들 옆에서 먹이 구하러 나온 겨울 토끼처럼 눈밭에 발자국을 찍으며 빙빙 맴돌았고, 그들은 일하는 와중에 내 말투를 흉내 내며 낄낄대고 웃었다. 그렇게 한 시간 반 정도 놀고 있었나. 어디선가 사람들의 말소리가 들리더니 한 무더기의 사람들이 언덕을 올라왔다. 함께 온 일행들의 모습이 보이고 그 뒤로 시신을 떠메고 올라오는 사람들을 보니 이곳이 맞는 모양이었다.

사람들을 따라 철조망이 처진 공터 안으로 들어갔다. 오늘은 시체가 3구. 중앙에 들것을 내려놓더니 사람들이 갑자기 분주해진다. 천장사들이 장화를 신고 앞치마를 두르더니 칼을 벼른다. 소리가 귀에 거슬린다. 사진을 찍을 수 없기에 대충 그림을 그릴까 하고 수첩을 꺼내려는데 아무것도 못하게 한다. 찍지도 그리지도 쓰지도 말아라. 보기만 해라.

10시 30분.
늙은 라마승이 드럼통에 불을 지피는 것을 신호로 칼을 갈던 천장사들이 일제히 앞으로 다가가 시체를 감쌌던 하얀 천을 사정없이 찢어 버린다. 벌거벗겨진 시신이 보이고 천장사가 손을 하늘로 높이 쳐들더니 갈고리 같은 것을 시신의 머리에 혹 꽂는다. 시신이 공중으로 붕 들려지는가 싶더니 이내 하늘을 향해 반듯하게 뉘어져 있다. 천장사는 능숙한 손놀림으로 배를 가르고 장기를 갈고리로 찍어 낸다. 다른 천장사는 그 시뻘건 장기들을 나무 위에 올려 놓고 조각조각 새들이 먹기 좋게 자른다. 숨이 막혔다. 갑자기 나도 모르게 주체할 수 없는 눈물이 쏟아졌다. 함께 간 일행 한 사람이 인상을 쓰며 소리쳤다.

"이리 와! 거기 피비린내 나잖아. 왜 거기 서 있어!"

왜 그런지는 나도 모르겠는데, 두 발이 땅에 박힌 것처럼 들러붙어 움직여지지가 않았다. 눈물 콧물이 범벅이 되어 쓰고 있던 마스크는 다 젖고, 발은 떨어지지 않고. 바로 2m 앞에서 벌어지는 이 상황을 어떻게 받아들여야 할까. 나에게는 너무 낯선 이 풍습을.

천장사들은 발목부터 생선 포 뜨듯이 능숙하게 온 시신의 살점을 벗겨 낸다. 그들의 바로 뒤쪽에는 독수리 떼가 질서정연하게 앉아 있다. 마치 100m 선상의 출발 신호를 기다리는 선수들처럼 숨을 죽인 채. 마침내 살점이 다 발라지자 라마승이 독수리를 향해 뭐라 뭐라 얘기를 하면서 장기를 던진다. 동시에 독수리들이 득달같이 날아와 시신을 먹어 치운다.

드럼통의 불타는 소리, 독수리들이 한 점이라도 더 먹겠다고 쟁탈전을 벌이며 푸드덕거리는 소리, 한쪽에 쭈그리고 앉은 늙은 라마승의 경문 읽는 소리, 그 광경을 바라보는 티베트인들의 웅얼웅얼 경문 소리 '옴마니밧메훔', 그리고 이방인들의 한숨 소리….

일행들은 내려갔다. 나는 눈물 콧물이 범벅이 되면서도 한 발짝도 물러서지 않고 한 인간이 사라져 가는 모습을 내 망막에 고스란히 담았다. 떠나는 자의 마지막 모습을 끝까지 봐 줘야 할 것 같았다. 시체가 살 한 점 없이 모두 발라지고 뼈만 앙상하게 남았는데도 독수리들은 더 먹겠다고 자기들끼리 싸워 댔다. 죽은 인간의 몸은 한낱 고깃덩어리에 불과했다.

시체의 뼈와 독수리의 깃털이 나뒹군다. 천장사가 다시 독수리 떼를 쫓았다. 독수리들은 얌전히 물러나 아까의 장소에서 다시 조용히 대기한다. 천장사들이 뼈를 주워 도마 위에 올려 놓고는 보릿가루와 함께 쇠망치로 잘게 부순다. 두개골을 내려치는데 그 뼈가 내 신발에 튀어 나는 움찔했다. 천장사가 저벅저벅 내 앞으로 걸어오더니 튕겨 나간 뼈를 주우며 나를 무심하게 쓰윽 쳐다보곤 다시 돌아가 쇠망치를 퍼퍽 내리치며 뼈를 가루로 만드는 일에 전념한다. 그러고는 다시 보릿가루와 범벅된 뼛가루를 독수리들에게 뿌린다. 독수리 떼는 일제히 날아와 아낌없이 먹어 치운다. 한 조각도 남김없이, 깨끗하게.

1시간 40분. 한 인간의 존재는 완벽하게 사라졌다.

현기증이 났다. 그제야 다리에 힘이 풀려 잠시 휘청했다. 전날 남쵸 호수에 같이 갔던 한 일본인이 잠깐 앉았다 가자고 했다. 독수리들이 뼛가루를 아낌없이 먹어 치우는 것을 코앞에서 바라보며 우리는 아무 말도 하지 않았다. 일시적으로 눈물샘이 고장 난 게 아닐까 싶을 정도로 하염없이 눈물이 흘러내렸다. 연신 소매로 눈물을 훔치고 있는데 한 티베트인이 다가와 내 옆에 앉았다.
"울지 마라. 넌 아까부터 우는 것 같은데. 봐라. 아무도 울지 않는다."
"당신은 안 슬픈가?"
"슬프다. 울면 더 슬퍼지니까 울지 않을 뿐이다. 지금 당신의 느낌은 어떤가?"
"느낌? 잘 모르겠다. 난 지금 무섭고 슬프고 괴롭다."
예리한 면도칼로 심장을 얇게 도려내는 것처럼 심장이 아려왔다. 휘청휘청 산을 내려오며 하늘을 올려다보니 하늘이 참 파랗다. 배가 부른 독수리들이 파란 하늘을 선회하다 각자 갈 길로 날아간다. 나도 내 갈 길로 가야 하는데 자꾸 뒤통수가 당겼다. 천장 쪽을 돌아보고 잠시 기도를 했다.
'다음 생에는 부디 원하는 모습으로 태어나세요.'
일행들이 있는 곳으로 돌아오니 모두들 괜찮으냐고 물었다. 찻집에 들어가 짜이 한 잔을 마셨다. 목구멍으로 뜨거운 것이 넘어가니 난 아직 살아 있구나, 이런 염치없는 생각과 동시에 살아 있는 모든 것들이 아름답다는 생각이 들었다. 특히 사람들. 그냥 아름다운 것이 아니라 한없이 아름다운 사람들. 바코르를 오체투지하며 순례하는 사람들이 예전과 다르게 다가왔다.

시간이 조금 지났다고 그때의 느낌을 말할 수 있을까. 애써 외면하고 싶었던 것을 제대로 마주 대한 당혹감이었는지도 모른다. 천장을 보고 나서 며칠 동안은 마음이 많이 어렵고 피곤했다. 지금도 가끔 천장이 생각나곤 한다. 지금은 어떤 느낌이냐고 그 티베트인이 다시 내게 묻는다면, 조금은 평안해졌다고 말할 수 있을 것도 같다.

## 티베트로 가던 잊지 못할 길, 칭짱꿍루

라싸를 육로로 간 적이 있다. 꺼얼무格尔木라는 곳에서 승용차를 빌렸다. 꺼얼무-라싸 구간은 칭짱꿍루青藏公路,Qinghai-Tibet Highway로 길이 1,115km, 평균 고도가 4,000m 이상 되는 길이다. 거대한 소금사막이 길 양옆으로 펼쳐지고 크고 작은 설산이 안개에 갇혀 있다가 불쑥불쑥 모습을 드러내는 환상적인 길이었다. 군데군데 얼음이 있는 들판을 어슬렁거리는 야크 떼의 모습까지 더해져 황량한 듯 신비로웠다. 해발 5,281m의 탕글라 산맥을 넘는 길은 고산증 때문에 힘들었는데 운전기사는 머리가 아프든 말든 시속 100km로 속도를 냈다. 라싸의 3분의 2 지점까지 왔을 때, 너무 씽씽 달렸는지 그만 승용차가 멈춰 버렸다. 운전기사는 연장을 빌려 오겠다며 맞은편에서 오는 차를 잡아타고 어디론가 가 버렸다. 황량한 벌판에 마을이 어디 있다는 건지. 차가 멈춘 곳은 해발 4,000m 지점. 문을 열라치면 저절로 문이 닫힐 정도로 밖에는 어마어마한 바람이 불었다. 고산증 때문에 머리는 점점 아파 오고, 날은 어두워지고… 운전기사를 언제까지 기다려야 하는 건지, 차를 버리고 히치하이킹이라도 해야 하는 건지, 이 안에 있다간 꼼짝없이 동사하겠다는 생각이 들었지만 기다릴 수밖에 없었다. 온다고 했으니까. 깜깜한 밤중이 되어서 운전기사가 돌아왔다. 그 밤중에 차를 고쳐 다음 날 무사히 라싸에 도착할 수 있었다. 20시간을 무사히 운전해 준 기사에게 계약금에 웃돈을 조금 챙겨 주었다. 그 밤에 돌아와 준 것이 너무 고마워서.

 **INFORMATION**

## 티베트를 여행하는 법

### 여행하기 좋은 시기
티베트를 여행하기 가장 좋은 시기는 봄인 5~6월과 가을인 9~11월이다. 하늘은 파랗고 기후도 쾌적하다. 여름인 7~8월은 가끔 비가 오기도 하지만 날씨와 상관없이 여행 성수기라서 관광객들이 붐빈다. 포탈라 궁에서는 순번 대기표를 나눠줄 정도인데 더러 입장을 하지 못하는 경우도 있다. 겨울인 12~3월은 약 10일 정도 눈이 내리긴 하지만 농사를 마친 티베트인들이 각지에서 라싸로 모여드는 순례자의 계절이라 현지인들을 많이 만날 수 있다. 라싸는 일교차가 매우 크다. 아침저녁으로는 쌀쌀하지만 한낮의 체감온도는 이른 봄날처럼 따스하다.

### 티베트로 가는 방법
인천에서 티베트의 수도인 라싸(Lhasa)까지 가는 직항편은 없다. 먼저 중국 대도시인 베이징, 상하이, 청두 등으로 간 후, 중국 국내선으로 라싸까지 가야 한다. 일단 중국에 입국했다면 육로로 가는 방법도 있다. 꺼얼무에서 승용차를 빌리거나 베이징에서 천장열차를 타는 방법이 있다. 베이징-라싸의 천장열차가 개통됨에 따라 여행자들이 많이 이용한다(45시간). 천장열차는 베이징, 상하이, 청두 등에서도 출발하므로 국제선을 타고 위 도시까지 간 후 기차로 갈아타도 된다.

### 천장열차
www.chinatibettrain.com/fares.htm

### 까다로운 티베트 입국 절차
중국 비자 외에 티베트는 갖춰야 할 서류가 많다. 먼저 '입경허가서'와 '여행허가서'를 준비해야 한다. 입경허가서는 티베트에 들어가는 퍼밋이고, 여행허가서는 티베트 지역을 여행한다는 여행자증명서다(라싸 내에만 머문다면 필요 없다). 이 서류들은 항공권이나 기차표를 끊으면서 여행사에서 대행해야 한다. 2012년 11월 현재, 티베트는 개인으로는 여행이 불가능하다. 그룹 인원이 최소 5명이어야 하고, 모두 같은 국적이어야 한다. 여행허가서를 발급받았다고 하더라도 위의 두 가지 조건을 충족시키지 못하면 검문 시 입경을 거부당한다. 하지만 중국인들의 티베트 여행에 관한 룰은 몹시 자주 바뀌므로 출발 전 꼼꼼히 체크할 필요가 있다.

중국국가여유국 visitchina.or.kr

# 캄보디아

밤이 되면 앙코르와트 사원에선 축제가 시작된다. 신들은 하늘에서 가루다를 타고 내려오고, 사원에 조각되어 있는 신화 속 동물들과 천상의 요정 압사라가 뛰쳐나와 밤새 춤을 춘다. 스러져 간 옛 영광을 기억하는 그들만의 축제. 동이 트면 밤에 다시 만날 것을 기약하며 모두 제자리로 돌아간다. 아무 일도 없었다는 듯이. 한낮의 앙코르와트 사원에 앉아 나는 늘 이런 앙코르와트의 밤을 상상하곤 한다.

앙코르와트
# CAMBODIA

# 봉인된 영원의 시간
**캄보디아, 앙코르와트**

여행을 하다 보면 '인생에서 가장 행복하고 아름다운 한때'라는 화양연화 같은 순간을 가끔 만나게 된다. 그때를 바로 알아차리기도 하고, 한참 시간이 지나 그때였노라고 회상하기도 한다. 앙코르 유적이 크메르 왕조의 화양연화라면, 타프롬은 할아버지의 화양연화이고, 내가 할아버지를 만났던 시간은 캄보디아 여행의 가장 아름다운 한때였다고 할 수 있을 것이다.

"앙코르와트
사원 뒤뜰
계단에서

사람들이 밖으로 나오길 기다리고 있었어. 12시가 좀 넘었나? 다들 밥 먹으러 가면 좀 한산해지는 틈을 타서 회랑을 둘러볼 생각이었거든. 앙코르 계단 알지? 서서 걸어 내려오지도 못하고 엎드려 기다시피 내려와야 하는 계단. 사람들이 거북이처럼 기어 내려오는 걸 땡볕에서 보고 있자니 나까지 현기증이 나는 거야. 앙코르가 오죽 덥냐. 일단 미지근한 코코넛이라도 한 통 마셔야겠단 생각이 들어서 무심코 지갑을 열었거든. 근데 참, 주민증 넣는 비닐 칸 있잖아. 거기 구석에 그 사람 증명사진이 껴 있는 거야. 이게 왜 여태 여기 있는 거야 하고 사진을 꺼내려는데 사진이 비닐에 찰싹 붙어서 쩌억 소리가 나더라고. 언제부터 거기 있었는지, 얼마나 오래 있었는지 비닐에 사진이 묻어 나더라니까. 근데 막상 사진을 꺼내니까 도로 집어넣기도 애매하더라. 그런 거 있잖아. 갖고 있자니 이젠 의미 없고 버리자니 뭐하고. 계단 옆에 돌무더기가 잔뜩 쌓여 있기에 가장 만만해 보이는 돌 틈 사이에 끼워 놓았지. 그건 버린 것도 아니고, 안 버린 것도 아니고, 그냥 거기 남겨 둔 거야. 그렇게 생각하니까 마음이 한결 가벼워지더라고."

오래전 허심탄회한 친구들과의 술자리에서 내가 무심코 한 이야기다. 한 친구는 세계적인 문화유산에 쓰레기를 투척했다고 잔소리를 했고, 한 친구는 영화 〈화양연화〉를 흉내 낸 거냐며 웃었다.

화양연화花樣年華. 인생에서 가장 행복하고 아름다운 한때. 영화의 마지막 장면은 앙코르와트를 배경으로 하고 있다. 감추고 싶은 비밀이 있으면 나무에 구멍을 파고 비밀을 속삭인 다음에 진흙으로 막으면 된다고, 그것이 비밀을 영원히 가슴에 묻는 방법이라고 남자는 말한다. 그리고 나서 남자는 앙코르와트의 사원 담벼락 구멍에 자신의 비밀을 털어 놓고 진흙으로 봉인을 한다.

영화를 따라 한 것은 아니었다. 영화는 한참 뒤에 보았으니까. 영화를 먼저 보았더라면 좋았을 뻔했다. 그럼 어쩌면 나도 사진을 어디 적당한 구멍을 찾아내 야무지게 봉인했을지도 모르겠다. 영화 속 남자의 사랑은 봉인된 채로 영영 돌 안에 잠들 것이다. 그 비밀의 유통기한은 인간의 시간으로는 상상할 수 없을지도 모른다. 앙코르와트가 천 년의 세월 동안 정글 속에서 모습을 드러내지 않은 것처럼.

앙코르와트Angkor Wat는 앙코르 유적 안에 있는 한 사원의 이름이지만, 일반적으로 여행자들은 앙코르 사원 유적을 통틀어 '앙코르와트' 또는 '앙코르'라고 말한다. 와트는 태국어로 '사원'을, 앙코르는 산스크리트어로 '도시'를 뜻한다. 크메르Khmer, 캄보디아의 원류 제국은 앙코르 왕조 모두를 포함하며 9~15세기까지 동남아시아에 존재한 왕국이다. 전성기에는 태국 동북부와 라오스, 베트남 일부까지 점령했을 정도로 막강한 권세를 누렸다.

지구상의 어떤 건축물로도 대신할 수 없는 앙코르 사원 유적은 크메르 왕조의 가장 위대한 유산이다. 광활한 밀림 속에 거대하게 퍼져 있는 앙코르와트는 1850년 프랑스 선교사가 밀림을 헤매다가 처음 발견했다고 한다. 그는 프랑스로 돌아가 밀림 속의 도시에 대해 이야기했지만, 아무도 믿지 않았다고 한다. 1860년 프랑스 식물학자에 의해 재발견되었는데 그는 앙코르와트를 본 첫인상을 '마음에서 우러나는 깊은 감탄으로밖에 표현할 수 없다.'라고 했다. 글쎄, 감탄을 하기 전 먼저 이 거대하고 아름다운 건축물을 보고 한 번 기절하

고 난 다음에 감탄을 해도 하지 않았을까 싶다.

그러고 보니 앙코르와트를 처음 갔을 때 나도 잠깐 기절을 한 적이 있다. 1997년에 태국-캄보디아의 육로 국경이 열렸지만 그때까지 국내 여행사에는 마땅한 앙코르와트 여행 프로그램이 없는 상태였다. 그때 여행업에 몸담고 있던 지인이 앙코르와트 사전답사 여행을 떠난다기에 당시 회사를 다니고 있던 나는 일주일간 휴가를 내 몇몇 여행 친구들과 동행했다. 지금은 방콕에서 캄보디아 국경까지 여행자를 한 번에 실어 나르는 미니버스가 매일 출발하지만, 당시에는 방콕 북부터미널까지 가서 버스를 타고 국경 근처로 간 다음 다시 툭툭Tuktuk, 삼륜 오토바이택시으로 갈아타야 했다.

걸어서 캄보디아 땅을 밟고자 하면 조금 더 고단한 여정이 기다리고 있었다. 캄보디아 국경에서 앙코르와트가 있는 시엠리업Siem Reap까지 하루 두어 편의 로컬버스가 있긴 했으나 배차 시간이 부정확해 여행자들은 픽업트럭에 매달려 흙먼지 폴폴 날리는 황톳길을 달려야 했다. 붉은 황톳길은 보기에는 낭만적이지만 길이 울퉁불퉁해 엉덩방아를 찧어야 했고, 비 온 뒤에는 웅덩이에 물이 고여 차바퀴가 빠지기 일쑤였다. 그런가 하면 금방이라도 무너져 내릴 것 같은 나무다리 위를 아슬아슬하게 건너기도 했다.

그건 앙코르에서 겪었던 일에 비하면 아무것도 아니었다. 돌로 만들어진 앙코르의 사원들은 일반인이 아닌, 신에게 봉헌하는 사원으로 지어졌기 때문에 계단의 경사가 상당히 가파르다. 간단히 이야기하면 그 가파른 계단에서 나는 공중제비를 돌듯 데구루루 한 바퀴 굴렀다. 뙤약볕이 내리쬐는 한낮에 반들반들한 돌계단 위에 올라섰다가 그만 현기증이 난 것이다. 눈을 떠 보니 사람들이 둥그렇게 모여 나를 걱정스레 바라보고 있었다. 지금은 추락 사고가 많이 일어나 아예 계단 옆에 붙잡고 오르내릴 수 있는 난간을 만들어 둔 상태다.

귀국하자마자 병원에 입원해야 했다. 일주일의 휴가는 한 달 입원이라는 긴 후유증을 남겼다. 지인은 앙코르와트 프로그램을 성공적으로 안착시켰고, 나도 퇴원을 하고 회사에 복귀해 보통의 나날로 돌아갔다. 다만 여행사의 앙코르와트 여행객을 모집하는 신문광고를 볼 때마다 앙코르의 벅찬 감동과 무릎의 저릿한 통증이 동시에 느껴졌다.

그 뒤로 앙코르와트와의 묘한 인연이 시작되었다. 사람의 일은 모르는 것이라더니, 한때 국외여행 해외 인솔자TC, Tour Conductor 일을 한 적이 있다. 덕분에 어느 해에는 두 달 동안 캄보디아를 여섯 번이나 들락거렸다. 많은 국내 여행사에서 앙코르와트 상품을 내놓으면서 앙코르와트 여행 붐이 일기 시작한 것이다. 성수기에는 시엠리업으로 직행하는 전세기가 뜨기도 했다.

관광객이 밀려오자 시엠리업도 변하기 시작했다. 수영장 딸린 호텔이 문을 열고, 근사한 인테리어를 한 카페와 술집, 식당들이 들어섰다. 픽업트럭을 타고 9~10시간 달리던 황톳길은 이제 매끈한 아스팔트로 포장이 되어 택시로 3~4시간이면 도착할 수 있다. 방콕에서 아침을 먹고 출발하면 오후에는 시엠리업에서 여유 있게 캄보디아식 저녁을 먹을 수 있는 것이다. 유적지에서는 영어, 중국어, 프랑스어, 일본어, 한국어 등 다양한 언어로 가이드들이 유적을 설명하기에 이르렀다.

좋아해서 자주 가게 되었는지, 자주 가다 보니 좋아하게 되었는지 모르겠지만 앙코르와트에서 가장 많은 시간을 보낸 곳은 타프롬Ta Prohm 사원이다. 누구라도 이 사원에 발을 들여놓게 되면 타프롬의 기이한 풍경에 제압될 것이다. 마치 악마의 손길이 사원을 움켜쥐고 있는 듯, 나무의 거대한 뿌리가 사원을 휘감고 있는 모습은 신비로우면서도 으스스하다.

사실 타프롬은 다른 앙코르 유적과 달리 폐허가 된 사원이다. 입구는 그나마 통로를 만들어 두었으나 사원의 형체는 알아보기 어렵고, 여기저기 무너져 내린 돌무더기가 그대로 방치되어 있다. 회랑의 일부를 걸을 수 있긴 하지만 나무가 지붕에 뿌리를 내리고, 그 뿌리가 사원 담장을 두르며 모든 입구를 틀어막고 있다. 땅에 내린 뿌리는 사원 바닥을 뚫고 올라오고, 지붕에서 내려온 뿌리는 사원을 꽁꽁 감싸고 있다. 사원을 감싼 이 기괴한 나무를 캄보디아에서는 '스펑나무Silk Cotton Tree'라고 부른다. 수백 년 동안 사람의 손길이 닿지 않은 정글에서 스펑나무 씨앗이 바람에 날려 와 자생했다고 한다.

타프롬은 역사학자들 사이에서도 의견이 분분하다. 스펑나무가 만들어 낸 독특한 풍경으로 타프롬이 유명해진 건 사실이지만 나무가 본의 아니게 유적을 훼손하고 있기 때문이다. 그렇다고 살아 있는 나무를 죽이면 사원이 와르르 무너질 테고, 그대로 놔뒀다가는 사원의 흔적을 더 이상 찾아보기 어려울 것이다. 한마디로 스펑나무 뿌리가 유적의 틈을 뚫고 얽히고설켜 사원을 붕괴시키면서도, 한편으로는 그 뿌리로 사원이 허물어 내리지 않도록 부여잡고 있는 형국이다. 그나마 매년 성장억제제를 투여해 나무가 더 이상 자라지 못하게 하고, 옆으로 철근을 대 사원이 기대게 하고 있는 실정이다. 몇 년째 공사를 하고 있긴 하지만 사원과 나무는 한 몸이 되어 버린 터라 공사도 쉬워 보이지 않는다.

어떤 이들은 문명에 대한 자연의 반격이라고 하고, 어떤 이들은 인간을 위한 사원이라서 신의 노여움을 샀다고도 한다. 타프롬은 1186년, 자야바르만 Jayavarman 7세가 그의 어머니를 기리기 위해 지은 불교 사원이기 때문이다. 사원의 석비에 의하면 당시 그는 '500kg에 달하는 순금, 35개의 다이아몬드, 4만 620개의 진주, 4,540개의 보석 원석, 512L의 실크, 523개의 파라솔'을 포함해 어마어마한 재산을 보유했었다고 한다. 사원의 유지와 관리를 위해서만 약 8만여 명이 거주했다고 하니 제대로만 보존되었다면 타프롬은 실로 엄청난 사원이었을 것이다.

어머니가 그리울 때마다 자야바르만 7세가 가슴을 치며 통곡했다는 곳, 그래서 '통곡의 방'이라 불리는 작은 사원은 그나마 온전하다. 이 방은 천장이 뚫려 있는데 안에서 가슴을 치면 소리가 쿵쿵 울리는 공명 현상이 일어난다. 내부 벽은 금과 보석을 촘촘히 박아서 뚫린 천장으로 해와 달이 비추면 방이 자체 발광하도록 되어 있다. 보석이 빛을 발해 어머니의 영혼이 하강하기를 염원한 것이다. 보석은 프랑스 식민지 시절 프랑스인들에게 모조리 도굴 당해 현재는 구멍만 남아 있다. 텅 빈 구멍은 무늬처럼 촘촘해서 이 안을 가득 채웠을 보석이 빛을 발한다면 얼마나 눈이 부셨을지 상상하는 것은 어렵지 않다.

바로 이 통곡의 방 앞에서다. 니엠춘 할아버지를 처음 본 것은. 타프롬을 갈 때마다 이 통곡의 방 앞에는 늘, 할아버지가 쭈그리고 앉아 계셨다. 작은 체구에 머리까지 삭발해 더욱 왜소하게 보였는데 표정도 말수도 없었다. 할아버지 곁에는 할아버지처럼 깡마른 싸리 빗자루가 마스코트처럼 놓여 있었다. 한 무리의 관광객이 우르르 몰려왔다 가면 싸리 빗자루로 발자국을 지우기도 하고, 나뭇잎을 쓸어 담기도 하는 것이 할아버지의 업무였다.

나는 주로 이른 아침 시간에 타프롬을 찾았다. 텅 빈 유적지에서 나는 스펑 나무 뿌리에, 할아버지는 통곡의 방 앞에 한 자리씩 차지하고 앉아 있는 조용

한 시간이 좋았다. 금세 관광객들의 왁자지껄한 소리가 들리면서 고요한 평화가 깨지긴 했지만. 한번은 회랑 안에 들어갔다가 은근히 시원해 차가운 돌바닥에 기대앉아 꾸벅꾸벅 졸았는데 그런 나를 할아버지가 깨운 적도 있었다.

어느 해인가는 여행안내서인 『론니플래닛』 캄보디아 편(4차 개정판)을 보다가 깜짝 놀랐다. 할아버지가 표지 모델로 등장한 것이다. 싸리 빗자루를 들고 엉거주춤한 자세로 카메라를 바라보고 있는 할아버지를 책에서 보니 몹시 반가웠다. 할아버지는 앙코르와트 기념엽서에도 등장했다.

그 뒤로 할아버지는 통곡의 방 입구에서 동으로 만들어진 손가락 마디만 한 불상을 팔기 시작했다. 가네샤, 비슈누 등 힌두 신화에 등장하는 신과 부처의 동상이었다. 이 싸구려 동상은 구시가지에서 파는 평범한 것이었는데 할아버지의 부업은 나름 괜찮은 편이었다. 유명인 할아버지와 기념 촬영을 하려면 불상 하나 정도 사는 성의는 보여야 하니까. 장사가 신통치 않은 날은 나도 불상을 사곤 했다. 대신에 스펑나무 뿌리에 앉아 있는 나를 찍어 달라고 할아버지에게 부탁했다. 나는 타프롬을 생각하면 거대한 스펑나무와 허물어져 가는 사원, 그리고 왜소하고 구부정한 할아버지가 액자에 들어 있는 그림처럼 하나의 이미지로 기억되었다.

한동안 캄보디아를 가지 못하다가 2012년에 타프롬을 찾았다. 할아버지의 전용 자리에는 짙은 회색 유니폼을 입은 젊은 안전요원이 앉아 있었다. 다음 날도, 그 다음 날도 할아버지는 보이지 않았다. 할아버지는 2009년 초에 돌아가셨다고 한다. 이것은 할아버지가 궁금해서 여기저기 수소문하다 알게 된 사실이다. 타프롬 사원의 보수공사 노동자로 벽돌을 쌓기 시작해 낙엽을 쓸던 세월까지 65년 동안 타프롬을 관리하셨던 할아버지. 나는 통곡의 방에 들어가 그동안 타프롬과 함께한 할아버지의 노고와 나의 그리운 마음을 담아 가슴을 쾅쾅 두드렸다. 응, 너 왔구나. 쾅쾅. 할아버지의 대답이 메아리 되어 울리는 듯했다.

여행을 하다 보면 '인생에서 가장 행복하고 아름다운 한때'라는 화양연화 같은 순간을 가끔 만나게 된다. 그때를 바로 알아차리기도 하고, 한참 시간이 지나 그때였노라고 회상하기도 한다. 앙코르 유적이 크메르 왕조의 화양연화라면, 타프롬은 할아버지의 화양연화이고, 내가 할아버지를 만났던 시간은 캄보디아 여행의 가장 아름다운 한때였다고 할 수 있을 것이다. 나는 할아버지와의 추억을 오래오래 마음속에 봉인해 두기로 했다.

### 앙코르와트의 잊지 못할 순간

앙코르와트에서는 일출을 보려면 새벽같이 일어나야 한다. 모토오토바이 택시 뒤에 앉아 새벽별을 보며 앙코르 유적이 시작되는 숲길로 들어설 때는 앙코르와트를 찾아 나선 원정대라도 된 기분이 든다. 나는 캄보디아에 가면 서서히 푸른 여명이 밝아오면서 앙코르와트 사원 뒤로 붉게 떠오르는 해를 보는 것으로 아침을 시작하곤 했다. 앙코르와트의 일출을 보고 해자성 밖을 빙 둘러 파서 물을 채운 곳를 지나서 걸어 나올 때는 늘 이상한 기분에 사로잡혔는데, 뒤통수로 뭔가 쏴 하고 빠져나가는 느낌이 들었다. 그것은 그저 지금까지의 날들은 잊고 오늘부터 새날, 지금 이 순간부터 이승에서의 새로운 하루가 시작되는 것만 같은 아득한 기분이었다.

 **INFORMATION**

### 앙코르와트를 여행하는 법

**앙코르와트를 돌아보는 네 가지 방법**
**툭툭** '르모르끄 모또'라고도 하는데 오토바이 뒤에 작은 수레가 달려 있다. 유적지를 다닐 때 가장 많이 이용하는 교통수단으로 햇빛이나 비를 가릴 수 있는 차양이 있어 좋다. 기사는 유적지 투어의 훌륭한 동반자다.
**모또** 오토바이 택시. 기사를 알아보는 방법은 간단하다. 여행자가 어슬렁거리며 두리번거리면 어디선가 손을 번쩍 들고 달려온다. 구시가지를 가거나 앙코르와트의 일출을 보러 갈 때 이용하면 좋다.
**자전거** 시간이 넉넉하다면 자전거를 타지 않을 이유가 없다. 아주 넉넉하고 여유로운 사원 여행이 된다. 사원 가는 길은 도로포장이 잘 되어 있어 자전거를 타기가 매우 좋다.
**자가용** 편안하고 안락해 가장 인기 있는 교통수단이다. 에어컨이 있는 만큼 가격도 비싸지만 3인 이상이라면 이용할 만하다.

### 앙코르와트의 입장권은 기념품

앙코르와트 입장권은 일반적으로 3일, 7일, 15일 세 종류로 나뉜다. 입장권은 유적지에 들어갈 때마다 확인하기 때문에 늘 소지해야 하는데, 이 입장권에는 사진이 들어간다. 사진을 안 가져가도 그 자리에서 즉석카메라로 찍어 바로 만들어준다. 0월 0일 여행한 날짜가 찍

히는 앙코르와트의 입장권은 특별한 기념품이 된다. 물론 사진을 준비해 가도 된다.

## 앙코르 톰의 중심 사원, 바이욘

'앙코르의 미소'라고 불리는 바이욘(Bayon) 사원을 처음 보면, 감히 사원에 오르지 못하고 그저 넋 놓고 한참을 바라보게 된다. 미소를 띠고 있는 사면불탑, 바이욘은 세계 어디에도 유례가 없는 양식으로 탑의 네 면에는 모두 216개 부처의 얼굴이 조각되어 있다. 부처의 얼굴은 빛을 받으면 각도에 따라 표정이 달라 보이는데 어떨 때는 냉소적이기도 하고, 어떨 때는 한없이 부드럽게 보인다.

### 앙코르와트 여행 필수정보

#### 여행하기 좋은 시기

캄보디아 기후는 건기와 우기로 뚜렷이 구분된다. 건기는 11~5월까지며, 우기는 6~10월까지다. 특히 9~10월은 집중 폭우가 내려 침수와 번개로 인한 피해가 있기도 하다. 캄보디아 여행이 적합한 시기는 건기로 접어드는 11~2월로, 평균기온이 17~27℃로 비교적 시원한 편이다. 3~5월은 29~38℃로 무더워 여행하기 힘들다.

#### 시엠리업으로 가는 방법

인천에서 시엠리업까지 대한항공, 아시아나항공이 직항편을 운항한다. 직항은 5시간 45분 소요된다. 시엠리업 국제공항에서 시내까지는 택시로 20분 소요된다.

#### 비자

캄보디아는 도착비자(VOA) 제도를 시행하고 있다. 출입국심사대 근처의 'Visa on Arrival' 카운터로 이동해 수수료를 내면 여권에 비자를 붙여 준다. 비자 유효기간은 30일.

# 타이완

16세기, 포르투갈 선박이 수풀 우거진 고색창연한 섬을 발견하고 'Liha Formosa(아름다운 섬)'라고 불렀다는 섬, 타이완. 여행자들은 하나같이 이상하다고 말한다. 처음이 분명한데, 언젠가 다녀간 것 같은 느낌이 든다고. 떠날 때야 비로소 알아차린다. 타이완 사람들의 따뜻하고 정겨운 눈빛이 낯선 이방인에게 데자뷰를 경험하게 한다는 것을. 여행자에게 그보다 마음 놓이는 일은 없다는 것을. 아름다운 섬의 보물은 타이완 사람들이라는 것을.

주펀 | 타이둥
# TAIWAN

# 비정성시의 고향, 희정성시의 추억
**타이완, 주편**

주변의 낯은 그 옛날 부귀영화를

누리던 황금광 시절을 짐작하게 한다.

물론 금광은 폐광되어 황금박물관으로

바뀌고, 금광을 실어 나르던 철로는

녹슬어 산책로가 되었지만 그것이

오히려 묘한 분위기를 자아낸다.

나는
영화배우
양조위를
좋아한다. 개인적으로 양조위梁朝偉의 진면목을 볼 수 있는 영화로는 〈비정성시悲情城市〉를 꼽는다. 타이완을 대표하는 영화감독 허우샤오셴侯孝賢이 만든 이 영화는 1945년 일본 패망 후, 장제스蔣介石의 국민당 정부가 타이완을 진압하는 과정에서 정치적 이데올로기로 인해 비극적인 상황을 맞는 한 가족의 이야기를 다루고 있다.

정확히 말하면, 내가 좋아하는 것은 양조위의 무심한 눈빛이다. 특히 이 영화에서는 당시 스물여섯 살이던 양조위가 나이를 가늠할 수 없는 특유의 먹먹한 눈빛 연기를 유감없이 펼친다. 영화 속 양조위는 귀머거리에 벙어리 역할로 아예 대사가 없다. 그의 눈빛과 표정, 몸짓이 그냥 하나의 대사인 셈이다.

양조위의 눈빛만큼이나 인상적인 것은 영화의 배경이었다. 처연한 영화의 주제와 말 없는 양조위의 애설한 눈빛을 절묘하게 표현해 내는 마을 풍경…. 격동적인 역사를 대변하듯 펼쳐진 가파른 계단과 답답한 현실에 갇힌 것 같은 첩첩산중 아름다운 그 마을 풍경이 오래 마음에 남았다.

오래전 이곳은 겨우 아홉 가구만이 살고 있어 주후九戶라고 불리던 작은 산골 마을이었다. 워낙 외지다 보니 누군가 외부에서 물자를 조달해 오면 사이좋게 9등분으로 나눈다 하여 자연스레 주펀九份으로 불리게 되었다.

이 소박하고 정 많은 산골 마을은 일제 식민지 중인 1920년대에 큰 전환점을 맞게 된다. 철로 공사 중에 우연히 이 일대에서 거대한 금광이 발견된 것이다. 일본군들은 금을 찾아 온 마을과 산을 파헤치기 시작했고, 마을은 소문을 듣고 일확천금을 꿈꾸며 찾아오는 사람들로 골드러시를 이루었다. 그 뒤로 찻집과 매음굴, 극장이 생겨나면서 작은 상하이小上海라는 별칭이 붙을 정도로 화려한 금광촌 마을이 형성되었다. 그러나 1970년대에 들어서면서 서서히 금이 고갈되자 사람들이 빠져나가기 시작했고, 버려진 광산과 녹슨 시설만이 쓸쓸히 남게 되었다. 그러다 1989년, 영화 〈비정성시〉가 베니스영화제에서 최우수작품상을 수상하면서 주펀은 다시금 스포트라이트를 받고 있다.

주펀의 낮은 그 옛날 부귀영화를 누리던 황금광 시절을 짐작하게 한다. 물론 금광은 폐광되어 황금박물관으로 바뀌고, 금광을 실어 나르던 철로는 녹슬어 산책로가 되었지만 그것이 오히려 묘한 분위기를 자아낸다.

주펀의 아련한 풍경이 영화와 드라마, CF에 종종 배경으로 등장하면서 특별한 유적지도 없는 이 산골 마을을 찾는 사람들이 많아졌다. 주펀 버스 정거장에 내리면 유난히 좁은 골목 하나로 사람들이 미어터질 듯이 들어간다. 이 골목이 주펀 여행이 시작되는 지산제基山街다. 골목 안에는 전통을 자랑하는 백년노점부터 명물 음식을 파는 포장마차와 토산품 가게들이 숨 고를 새 없이 줄줄이 늘어서 있다. 특히 주말이면 타이베이에서 나들이 온 현지인과 관광객이 뒤섞여 좁은 골목은 발 디딜 틈이 없다.

맛있는 냄새로 가득한 골목을 빠져나오면 관광객들이 우르르 오른편 계단으로 내려간다. 기념엽서에 단골로 등장하는 수치루竪崎路 계단이다. 가파른 돌계단 양편으로 검은 기와를 올린 목조 주택이 처마가 닿을 듯 마주하고 있다. 처마 끝에는 둥근 홍등이 주렁주렁 걸려 있고, 마주한 찻집들은 서로 원조라고 말하듯 '悲情城市'라는 영화 간판과 포스터를 걸어 놓고 있다. 여기에 최근에는 낯익은 포스터가 한 장 더 걸렸다. 이 골목은 〈온에어〉라는 한국 드라

마의 촬영지기도 했다. 드라마 주인공이었던 배우 故 박용하가 빛바랜 포스터에서 맑게 웃고 있는 모습을 보니 괜히 마음이 서글퍼진다. 관광객들은 오전이면 밀물처럼 밀려왔다 해가 지면 썰물처럼 빠져나가지만, 사실 주펀의 하이라이트는 밤이다.

어둠이 내려앉으면 관광객들이 돌아간 주펀은 운동회가 끝나고 난 텅 빈 운동장처럼 고요해진다. 멀리 태평양에서 불어오는 바람이 빈 골목을 한 바퀴 휘돌아 여행자들이 뿜어 놓고 간 낮의 열기를 식힌다. 이윽고 처마 밑 홍등에 빨간 불이 하나둘 켜지면, 나는 마을이 한눈에 내려다보이는 전망 좋은 찻집을 찾는다.

멀리 태평양 밤바다의 등대 불빛이 저녁 인사처럼 깜박거리고 열어 놓은 창문으로 시원한 밤바람이 휘익 불어오면, 처마 밑 홍등이 대답하듯 수줍게 살랑인다. 평화로운 풍경을 마주하고 바람과 바다의 대화를 엿들으며 향긋한 차를 우려 마시고 있노라면 이런저런 상념에 빠진다. 지금은 이렇게 여유롭고 한가한 이곳이, 혼돈의 시절에는 젊은이들이 모여 머리를 맞대고 암울한 현실을 고민하던 곳이었으리라. 그런 생각을 하다 보면 마치 타임머신을 타고 시간여행을 떠나온 것 같은 착각에 빠진다. 자주 비가 내리는 주펀에 때마침 비라도 부슬부슬 내리면 돌계단이 물빛, 불빛을 받아 한껏 운치를 돋운다.

주펀은 나에게 조금 특별한 곳인데 그것은 주펀에서 만난 '고향 사람'과의 인연 때문이다. 타이베이에서 우연히 알게 된 한 현지인이 주펀에 가게 되면 자신의 친구를 꼭 찾아가 보라고 했다. 그곳은 찻집이었다. 내가 란슈샹欒秀香이라고 쓴 이름을 건네자, 사장인 듯한 사람이 "미스Miss 란~!" 하고 누군가를 호출했다.

미스 란은 170cm가 넘는 훤칠한 키에 흰 피부와 또렷또렷한 이목구비가 예쁘고 고왔다. 유니폼인 치파오가 맵시 있게 어울렸다. 미스 란은 나를 보자마자, 친구에게 얘기를 들었다며 반갑게 손을 맞잡았다. 미스 란이 일하는 찻집은 주펀에서 매우 유명한 찻집으로 끊임없이 단체 관광객들이 몰려오고 있었다. 나는 일단 숙소를 잡고 저녁에 다시 오겠다고 하자 미스 란이 깜짝 놀라며, 내가 온다고 해서 이불을 사 놨다고 했다. 내가 자신의 집에서 머물 것이라 생각했단 말인가? 당황스러워하고 있는데 미스 란은 빙긋이 웃으며, 하루 자보고 불편하면 그때 방을 얻어도 되지 않느냐고 했다. 이불까지 사 놨다는 성의를 거절하기가 어려웠다. 홀린 듯 미스 란을 따라 나섰다.

가뜩이나 계단 많은 주펀에서 미스 란의 집은 미로 같은 골목을 한참 올라가야 하는 언덕배기에 있었다. 맞은편 산의 공동묘지가 보이는 높은 곳이었다. 집은 방 두 칸짜리 연립주택이었는데 한 칸은 동료가 사용하고 있었다. 찻집에서 얻어 준 기숙사인 듯했다. 미스 란의 방으로 들어서니 정말 방구석에 비닐도 뜯지 않은 차렵이불이 한 채 놓여 있었다. 그날 밤 나는 석유 냄새 나는 새 이불을 덮고 누워 곰곰이 생각했다. 생면부지인 사람을 데려와 재우는 미스 란도 이상한 사람이지만, 아무 의심 없이 따라온 나도 이상한 사람이 아닌가, 운이 좋아 별일이 없는 것이지 이건 몹시 위험한 짓이 아닌가…. 나는 오늘 밤만 자고 내일은 숙소를 얻어야겠다는 생각을 하면서 잠이 들었다.

미스 란의 방에는 약국에서 볼 수 있는 작은 미니 냉장고가 있었는데 나는 그런 냉장실은 처음 보았다. 밥도 안 해 먹는지 아무것도 없고 요거트만 가득 채워져 있었다. 내가 온다고 요거트를 잔뜩 사 놨다는 것이다. 나는 결국 그 많은 요거트를 다 먹을 때까지 그 방에 머물게 되었다. 숙소를 구하겠다고 말하려니 잠자리가 불편해서 그렇다고 생각할까 봐 미안했다. 아니, 실은 그 요거트 가득한 냉장고를 보고 나자 미스 란은 이상한 사람이 아니라, 조금 외로운 사람이라는 생각이 들었다. 방값을 계산해야 마음이 편할 것 같다고 했지만,

미스 란은 허락하지 않았다. 미스 란은 나를 '메이메이妹妹, 여동생'라고 스스럼없이 불러서, 나도 한국어로 '란 언니'라고 불렀더니 매우 좋아했다.

타이베이에서 만난 현지인이 란 언니를 소개해 준 이유는, 란 언니가 한국에서 태어났기 때문이었다. 란 언니는 한국에서 태어났지만 한국말을 전혀 하지 못했다. 인천에서 태어나 겨우 세 살까지만 살았다고 했다. 대신 란 언니는 일본어가 유창했다. 일본에서 대학을 다녔다고 했다. 찻집에서 란 언니는 일본 손님 담당이었다. 한번은 일하는 것을 본 적이 있는데, 일본 단체 관광객이 들어오면 크고 둥근 나무테이블로 안내한 후, 직접 다도를 시연하며 차의 종류와 특징, 차를 마시는 방법 등을 설명했다. 그러면 란 언니의 말발에 넘어간 일본 손님들이 차를 마구 사 댔다.

나는 란 언니가 출근할 때 같이 집을 나서서 하루 종일 여기저기를 쏘다니다가, 저녁이 되면 찻집으로 가서 저녁을 먹고 함께 집으로 돌아왔다. 자기 전에는 하루 종일 돌아다니면서 찍은 사진을 보여주곤 했다. 하루는 쉬는 날을 맞춰 옆 동네인 진과스金瓜石에 같이 다녀오기도 했다. 란 언니의 집에서 보낸 일주일은 시집간 언니 집에 놀러온 기분 비슷했다.

일 때문에 타이베이에 가끔 갈 일이 있었는데 그때마다 란 언니의 찻집에 들렀다. 한 번은 휴가 중이었고, 한 번은 친척을 만나러 가서 자리를 비웠고, 마지막으로 갔을 땐 란 언니는 일본으로 갔다고 했다. 일본인 손님과 연이 닿아 몇 달 전 결혼식을 올리고 아예 일본으로 갔다는 것이다. 그러니까 나는 그때 이후로 언니를 두 번 다시 만나지 못했다. 주펀에 오면 언제든 만날 수 있을 거라고 생각했던 란 언니를 이제 볼 수 없다고 생각하니 쓸쓸했다.

언덕배기 란 언니의 집 앞까지 걸었다. 집 앞에 서니 란 언니의 꿉꿉한 방과 차렵이불과 요거트가 그리워졌다. 어느 날 밤, 나는 몹시 궁금해서 조심스럽게 물었던 적이 있다. 정말 처음 보는 사람을 재워 주려고 이불을 사 놓았느냐고. 아무리 생각해도 나라면 그것이 쉽지 않을 것 같았기 때문이다. 란 언니는 빙긋이 웃으며 "고향사람이 온다니까 반가워서."라고 했다. 분명하게 짜샹家乡, 고향이라고 했다. 타향에서 고향이란 말이 그렇게 낯설게 들리긴 처음이었다.

란 언니는 고향이 많은 사람이다. 태어나기만 한 한국도 고향이라면, 자란 타이완도 고향이고, 지금 살고 있는 일본도 고향일 테다. 고향이라는 말 속에는 신발 끈을 느슨하게 풀고 마음을 살그머니 내려놓게 하는 푸근함이 있다. 길 위의 여행자들도 마음에 고향 몇 곳씩은 품고 있을 것이다. 여행자에게 고향은 마음속 깊이 간직한 그립고 정든 곳일 테니까. 고향 사람 란 언니를 만나 기쁘고, 헤어져 안타깝고, 만나지 못해 그리움 가득한 주펀도 나에게 고향이 아닐 리 없다.

### 주펀의 아름다운 이웃 마을, 진과스

주펀에 가면 늘 그 옆 동네, 진과스金瓜石에 들른다. 낮 시간은 주로 한적한 이곳에서 보내다가 저녁에 주펀으로 건너갈 때도 있다. 주펀에서 버스로 20분이면 닿는 거리에 있는 진과스는 탁 트인 자연 풍경이 아름답다. 기분 좋은 철길 산책을 하고, 바오스산無耶山 방향으로 나 있는 나무계단을 오른다. 아래로는 청색과 황색 두 가지로 확연히 구분되는 태평양이 내려다보이고, 위로 눈을 돌리면 나무계단을 빙 둘러 초록 산이 파노라마처럼 펼쳐진다. 이 마을도 영화 〈비정성시〉의 배경이었다.

 **INFORMATION**

## 주펀을 여행하는 법

### 주펀으로 가는 방법
먼저 타이베이에서 기차로 루이팡(瑞芳)까지 가야 한다. 타이베이에서 루이팡 가는 열차는 매우 많으며 소요 시간은 30~50분이다. 루이팡에 내려 시내버스나 택시를 이용해 주펀으로 가면 된다. 버스는 20분 소요된다. 버스로 한 번에 가는 방법도 있다. 타이베이 MRT 중샤오푸싱(忠孝復興) 역 1번 출구 맞은편에서 주펀행 버스가 30분 간격으로 운행한다.

### 차 마시기 좋은 수치루 계단
수치루에는 계단을 따라 유명한 찻집들이 몰려 있다. 고즈넉하게 멀리 바다를 바라보며 차 한 잔 하는 시간이야말로 주펀의 매력을 제대로 느낄 수 있는 시간이다. 차는 한 통씩 주문하기도 하고 잔으로 주문하기도 한다. 우려 마시고 남은 찻잎은 포장해서 가져갈 수 있다. 대부분의 찻집에서는 다구를 세팅해 주면서 차 마시는 방법까지 친절히 설명해 준다.

### 쇼핑하기 좋은 지산제 골목
지산제 골목은 쇼핑하기 좋은 곳이다. 살까 말까 망설여진다면 일단 사는 것이 좋다. 타이완의 다른 곳에서 볼 수 없는 것들도 많으니까. 직접 그림을 그린 티셔츠, 가면을 만들어 주는 상점, 강아지를 주제로 만든 액세서리, 각양각색의 고양이를 모티브로 한 기념품 등 깜찍하고 아기자기한 아이템이 가득하다.

## 타이완 여행 필수정보

### 여행하기 좋은 시기
타이완을 여행하기에 가장 좋은 시기는 가을인 9~11월이다. 가을은 선선하고 쾌적한 바람이 부는 여행의 최적기다. 겨울인 12~2월은 우리나라보다 온화하지만 춥게 느껴진다. 봄인 3~5월은 날씨는 따뜻하나 때때로 비가 내리고 여름인 6~8월은 덥고 습기가 많다. 연평균 온도는 12~22℃로 대체로 일 년 내내 안정적인 기온 분포를 보여 사계절 모두 여행하기에 무난하다.

### 타이완으로 가는 방법
인천에서 타이완의 수도인 타이베이까지 대한항공, 아시아나항공, 중화항공, 에바항공, 타이항공, 캐세이퍼시픽항공이 직항편을 운항한다. 김포에서 출발하는 저가항공사인 티웨이항공, 이스타항공도 타이베이까지 직항으로 운항한다. 직항은 2시간 50분 소요된다.

### 비자
타이완은 무비자로 최대 90일까지 여행할 수 있다.

바람의 눈빛, 파도의 웃음을 닮은 사람들
타이완, 타이둥

그들의 노래는 깊숙한 산과 외진

바다에서 살아온 선조의 삶처럼 자연을

닮아 있었는데 바람과 파도 소리 같은

자연의 원형 같기도 했고, 조상들이

읊조리는 신비로운 주문 같기도 했다.

그들은 세계 각국의 소수민족과

연대하며 서로의 고유문화를 지키고

공유한다고 한다. 이런 젊은이들이

있어 타이둥이 고유의 색채를

간직할 수 있는 것이리라.

# 타이완 동남부의 지방 도시

타이둥. 내륙으로는 타이완 남부횡단고속도로의 동쪽 끝이다. 타이완의 도시 중에서는 개발이 가장 더딘 곳이어서 여행자들에겐 잘 알려지지 않았지만, 타이완 내에서는 원주민들의 삶을 엿볼 수 있는 곳으로 유명하다. 타이완의 동부는 버스여행을 하는 재미가 있는데 태평양을 따라 해안선이 남쪽까지 길게 이어져 있기 때문이다.

2011년 1월, 타이완의 동부 해안선을 따라 여행하던 중이었다. 내 경우 한 도시를 떠날 때는 돌아다니면서 주워 모은 온갖 잡동사니들을 죽 늘어놓고 정리하느라 시간이 제법 걸린다. 타이둥台東에서의 마지막 밤, 그날도 일단 차를 한 잔 마시고 짐을 꾸리기로 했다.

중화문화권 나라는 대부분 숙소에 커피 외에 홍차나 녹차가 준비되어 있다. 특히 타이완의 호텔은 공용 온수기가 각 층마다 설치된 곳이 많은데, 내가 묵는 호텔도 구내식당에서나 볼 법한 대형 스테인리스 온수기가 복도에 설치되어 있었다. 물 끓이기가 귀찮은 나 같은 투숙객들은 온수기 물을 받아다가 차를 마신다. 온수기에는 '현재 물 온도 130도'라고 표시되어 있었다.

커피포트에 물을 받아 놓고 보니 얼마 전에 산 우룽차烏龍茶가 생각났다. 시음해 볼 요량으로 바닥에 있는 트렁크를 뒤적거리다가, 그만 책상 위에 올려놓은 커피포트를 팔뚝으로 툭 치고 말았다. 순간, 내 허리 위로 130도의 물 1L가 쏟아져 내렸다. 허리를 숙인 탓에 허리춤에 드러난 맨살 위로 물이 아낌없이 쏟아졌고, 그 물이 엉덩이로 다리로 흘러내렸다. 등 뒤에서 무슨 사단이 일어난 것 같은데 허리가 좀처럼 펴지지 않았다. 커피포트 뚜껑이 발등 위로 굴러 떨어졌다. 간신히 고개를 돌려 보니, 등 뒤에서 뜨거운 김이 모락모락 올라오고 있었다. 그리하여 나는 타이둥에 오래오래 머물게 되었다.

"괜찮아요?"
다음 날, 병원에서 눈을 떴을 때 낯선 한국말이 들렸다. 흰머리가 희끗한 노신사 한 분이 나를 걱정스럽게 내려다보고 있었다. 알고 보니, 내가 응급실로 실려 와 끙끙거리던 지난밤, 당직의사는 타이둥 지방의사회에 '한 한국인이 화상을 입었는데 보호자가 없으므로 환자를 위해 한국어를 할 줄 아는 사람이 있는지 알아봐 달라'고 문의했다고 한다. 당직의사는 지방 소도시에서 병원 신세를 지게 된 외국인이 걱정스러웠던 모양이다. 메시지를 받은 지방의사회에서는 타이둥에서 유일하게 한국어를 할 줄 아는 사람을 밤새 수소문했고, 아침 조깅을 하다 연락을 받은 이 노신사가 급하게 뛰어오신 것이다.
졸지에 내 보호자가 되신 노신사는 국립타이둥대학교의 교수였는데, 타이둥에서 유일하게 한국어를 할 줄 아는 사람이라고 의사가 소개했다. 노교수는 대학시절 한국에서 어학연수를 한 경험이 있다고 했다. 나는 신속하고 기민한 타이둥 지방의사회 시스템에 감탄하지 않을 수 없었다. 더불어 당직의사에게 깊은 존경과 무한한 신뢰를 품게 되었다.
노교수는 괜찮다고 했는데도 황송하게 매일, 그것도 아내와 함께 찾아왔다. 아내는 남편과 같은 대학의 교수였는데 남편만큼 매끄럽진 않지만 한국어를 할 줄 알았다. 이 노부부는 한국에 대해 특별한 감정을 갖고 있었다. 이유인즉, 아내 역시 대학 시절 한국에서 어학연수를 했는데, 그때 두 분이 만나 결혼까지 하게 됐다는 것이다. 노교수의 아내는 나에게 한국어로 또박또박 이렇게 첫인사를 건넸다.

"우리나라에 와서 아프게 되어 내가 미안합니다."

그 말을 듣고 눈물이 날 뻔했다. 내가 할 소리였다. 당신 나라에서 아프게 되어 민폐를 끼치고 있는 제가 죄송하지요. 노교수의 아내는 박스를 하나 내밀었다.

"타이둥은 과일이 유명해요. 한국에 없는 과일만 골라 왔어요."

박스에는 온갖 과일이 수북이 담겨 있었다. 실제로 연중 기후가 온난한 타이둥은 타이완에서도 이름난 과일 천국이다. 특히 석가의 머리 모양처럼 생겼다 해서 스지터우釋迦頭라고 불리는 과일은 타이둥의 대표적인 특산품이다. 스지터우는 타이완 내에서 타이둥산을 최고로 치며, 과일 중에서도 비싼 과일 축에 속한다. 스지터우도 두 가지 종류가 있는 줄은 그때 처음 알았다. 혼자 먹을 수 없을 만큼 많은 양이어서 과일을 당직의사, 간호사와 사이좋게 나눠 먹었다.

당직의사는 어찌나 세심한 사람인지 소독할 때마다 매일 디지털 카메라로 화상 부위를 찍어 내가 궁금하지 않도록 상태를 보여 주었다. 나는 화상 부위가 내 눈에 보이지 않는 부위라서 그나마 다행이라고 여겼는데, 당장은 그리 좋은 것도 아니었다. 엎어져서 자는 것까지는 괜찮은데 의자에 앉을 수가 없었다. 그러니 버스를 탈 수도 없고, 여행이고 뭐고 당분간 아무 곳도 갈 수가 없었다. 거기다 내가 무한 신뢰를 보내는 당직의사가 화상 부위가 깊어 초기에 치료를 제대로 하지 않으면 감염이 될 수 있다고 하는 바람에 당분간은 꼼짝없이 타이둥을 떠날 수 없는 신세가 되었다.

그러나 나는 앉지만 못할 뿐, 정신과 두 다리는 멀쩡한 나이롱환자인지라 병원에 있는 것이 몹시 갑갑했다. 그래서 당직의사가 아침에 퇴근하면, 나는 시내로 나갔다가 당직의사가 출근하는 저녁 시간 전에 다시 병원으로 돌아오곤 했다.

어느 도시나 그렇지만 아침 일찍 가기 좋은 곳은 재래시장이다. 며칠 전에 떠난다고 인사했던 내가 환자복을 입고 나타나자 과일 가게 아저씨와 만두집 아주머니는 깜짝 놀라셨다. 그런데 나는 내 상황이 슬프다기보다는 이상하게도 조금 웃음이 났다. 실실 웃는 나를 보며 어쩔 줄 몰라 하는 표정에는 근심과 안심이 적절히 섞여 있었는데 나는 어쩐지 그 표정이 참 좋았다. 그제야 나는 타이둥 사람들의 얼굴을 자세히 들여다보게 되었다.

나는 도시의 분위기는 멋들어진 건축물이 아니라 그 안에서 살고 있는 사람들에게서 나오는 것이라고 굳게 믿고 있는데, 특히나 타이둥이 그런 곳이다. 타이둥의 거리를 걷고 있으면 다른 도시와 뭔가 색다른 분위기가 피부로 느껴진다. 타이둥 인구의 절반 이상이 근처 란위蘭嶼 섬에서 거주하는 야메이족雅美族과 평원에서 거주하는 베이난족卑南族 원주민들이기 때문이다. 그들은 둥근 얼굴형과 뚜렷한 이목구비를 가졌다. 성격은 서글서글하고 유난히 명랑하다. 해양성 문화 때문인지 눈빛은 바다처럼 넉넉하고 웃음은 파도처럼 유쾌하다. 노교수 부부도, 당직의사도, 내가 자주 가던 시장통의 과일 가게 아저씨도, 만두집 아주머니도 모두 그런 눈빛과 웃음을 가진 사람들이다. 그렇다. 타이둥은 향기로운 사람 냄새와 달콤한 과일 냄새가 뒤섞인 곳이다.

타이둥은 시장을 벗어나면 매우 호젓한 느낌이 든다. 화려한 유적 같은 것이 없어서 어디를 가든 매우 한산하다. 높지 않은 건물과 텅 빈 도로에는 소박하면서도 자유로운 남국의 정서가 물씬 풍긴다.

1월, 겨울이지만 하늘은 늘 새파랗다. 이제부터는 날씨에 따라 산책 코스가 달라진다. 날이 좋으면 해변공원인 하이빈궁위안海濱公園으로 향한다. 가시거리가 좋은 날에는 멀리 뤼다오綠島 섬까지 보인다. 뤼다오는 타이둥에서 동남쪽으로 29km 떨어진 곳에 있는 섬으로 타이둥 사람들이 주말여행으로 많이 가는 곳이다. 날이 살짝 흐리면 삼림공원인 썬린궁위안森林公園으로 바로 간다. 이 공원에는 큰 나무가 만들어 내는 산책로를 따라 곳곳에 그림 같은 호수가 숨어 있는데 맑은 날보다 은근히 흐린 날이 운치 있게 걷기 좋다.

시내로 돌아오는 길에는 바다의 신을 모시고 있는 톈허우궁天后宮에 들러 향을 하나 피워두곤 병원으로 돌아간다. 그러면 조금 있다가 당직의사가 출근을 하고, 그에게 저녁 치료를 받고 나면 노교수 부부가 퇴근을 하면서 병원에 들른다. 그러면 나는 공식 보호자와 함께 밤마실을 나간다.

우리가 늘 가는 곳은 톄화촌鐵花村인데 노교수의 아내도, 나도 좋아하는 곳이어서 저녁 마실 코스로 적합했다. 이곳은 원주민족의 음악을 감상할 수 있는 곳으로 밤에는 야외에서 원주민족 출신의 젊은 뮤지션들의 공연이 펼쳐진다. 노교수의 말로는 타이둥의 원주민족 청년들은 자신이 원주민이라는 것을 매우 자랑스럽게 여긴다고 했다. 나 같은 이방인이 얼핏 보기에도 그 청년들의 행동이나 말투에서 그들만의 고유한 정서와 자부심이 느껴졌다.

그들의 노래는 깊숙한 산과 외진 바다에서 살아온 선조의 삶처럼 자연을 닮아 있었는데 바람과 파도 소리 같은 자연의 원형 같기도 했고, 조상들이 읊

조리는 신비로운 주문 같기도 했다. 그들은 세계 각국의 소수민족과 연대하며 서로의 고유문화를 지키고 공유한다고 한다. 이런 젊은이들이 있어 타이둥이 고유의 색채를 간직할 수 있는 것이리라.

병원으로 돌아오면 침대에 엎어져서 나는 아이러니하게도 조금 행복하다는 생각과 함께, 특별하게 유명한 관광지도 없는 이 평범하고 소박한 동네가 머물면 머물수록 점점 떠나기가 어려워지고 있다는 기분이 들었다.

한참 시간이 지나서 주한국타이완대표부(타이완과 한국은 정식수교를 맺지 않은 상태이므로 대사관을 '대표부'라고 칭한다)에 방문할 일이 있었다. 무슨 얘기 끝에 한 참사관에게 타이둥에서 있었던 일을 얘기한 적이 있다. 내 이야기를 한참 듣더니, 노교수의 이름을 물었다. 본인의 옛 친구 같다는 것이다. 나는 노교수의 명함을 건넸고, 결국 두 분은 30년 만에 '보고 싶다, 친구야~!' 하면서 극적인 상봉을 나누셨다. 생각할수록 참 신기하다면 신기한 일이다. 그러니 나는 자꾸만 이 모든 게 우연이 아닐 거라는 생각이 든다는 것이다.

### 타이둥의 잊지 못할 여행지, 뤼다오

타이둥에서 동남쪽으로 29km 떨어진 곳에 있는 섬 뤼다오綠島. 타이둥에서 가까워 타이둥의 젊은이들이 당일여행으로 많이 찾는 곳이다. 과거에 정치범 수용소가 있던 곳이기도 한데 곳곳에 다이빙 포인트가 있는 매우 아름다운 섬이다. 이곳에서 바이크를 빌려 당일여행으로 섬을 둘러볼 생각이었다. 그러나 결국 하룻밤을 묵고 말았다. 세계적으로 진귀한 해저온천 때문이었다. 해저에서 온천이 보글보글 솟아오르다가 만조가 되면 다시 가라앉는데, 태평양을 눈높이에서 바라보며 밤하늘 별빛 아래에서 온천욕을 하던 순간을 결코 잊을 수 없을 것이다. 그것은 세상에 물과 바람과 별만 존재하는 것 같은 특별한 경험이었다.

 INFORMATION

## 타이둥을 여행하는 법

### 타이둥으로 가는 방법
타이완의 수도인 타이베이에서 타이둥까지 하루 9편의 기차가 출발한다. 기차 등급에 따라 5~7시간 소요된다. 또는 타이베이에서 타이둥까지 국내선 비행기로 이동하는 방법도 있다.

### 타이둥 여행은 셔틀버스로 한다
타이둥에서는 여행자를 위한 셔틀버스인 '타이완하오싱(臺灣好行)' 버스가 운행된다. 사실 이 버스 하나면 타이둥의 거의 모든 명소를 둘러볼 수 있다. 버스는 타이둥 기차역 앞에서 출발해 시내 곳곳에 정차하는데, 타이둥 시내와 해안을 운행하는 코스와 근교를 운행하는 고스, 두 가지가 있다.

### 기기묘묘한 사암 해안, 샤오예류
타이둥 시내에서 약 6km 떨어진 곳에 위치한 샤오예류(小野柳)는 동부 해안의 절경으로 꼽힌다. 독특한 모양으로 솟은 바위와 바다, 하늘이 어우러져 멋진 자연경관을 만들어 낸다. 오랜 세월 사암이 물속에 침식되면서 자연이 빚어낸 기하학적인 모습이 신비롭다. 타이완 북부에 있는 유명한 관광지 '예류'의 작은 버전이라 하여 샤오예류라 불린다.

# 네
# 팔

네팔에서는 하루에도 몇 번씩 속으로 중얼거린다. '이거면 된다.' 새하얀 설산이 붉게 물드는 저녁이면 숨이 막힐 것 같다. 이거면 된다. 설산이 펼쳐진 히말라야 산속을 걸을 때는 가슴이 터질 것 같다. 이거면 충분하다. 하늘 아래 이렇게 아름다운 세상이라니. 당신 안에 깃든 신에게 경의를 표합니다. 나마스떼!

포카라 | 히말라야 트레킹 마을
# NEPAL

# 몽상가들의 천국
### 네팔, 포카라

모든 것이 '적당'했다. 적당히 외로웠고,

사람들과의 거리도 적당했고, 숙소의

가격도 적당했으며, 한 달의 시간도

적당했다. 포카라라는 장소 역시

매우 적당했다. 가끔 누군가가

'어디 조용한 데 가서 한 달만 살아 봤으면….'

하는 말을 듣게 될 때,

나는 그 한 달이라는 말에서

늘 포카라의 한 달을 떠올린다.

"당신은
네팔에서
왔는가?"

인도를 여행할 때 참 많이 들었던 말이다. 중국인이나 일본인이 아닌, 네팔인이냐는 물음은 적잖이 당황스러웠다. 자신들의 옆 동네 사람을 내가 닮을 이유가 무어란 말인가.

네팔에 도착하고 나서야 고개가 끄덕여졌다. 네팔 사람들에게 느껴지는 몽골리안의 생김새가 어딘가 친숙했다. 네팔은 인도 대륙 출신의 인도-아리안족이 히말라야의 몽골계와 만나는 지역이다. 지리적으로 티베트 고원과 이웃하면서 중국과 인도 사이에 끼어 있다. 그 말은 고립되었다는 뜻이기도 해서, 인도와 티베트의 영향을 받아 비슷한 듯 또 다르다.

네팔은 60여 개의 종족이 있어 언어와 관습, 종교가 매우 다양하다. 흥미로운 것은 현재 네팔은 내륙 국가이지만, 과거에는 이 땅이 바다였다는 사실이다. 인도아 대륙은 약 1억 년 전에는 아시아 대륙과 분리되어 있었고, 그 사이는 넓은 바다였다. 그러나 7천만 년 전, 인도아 대륙이 아시아 대륙과 충돌하면서 지각층을 밀어 올렸고, 그 결과 높디높은 히말라야 산맥과 깊은 계곡이 만들어졌다. 해저가 산 정상이 되었고, 티베트는 고원이 되었다. 히말라야의 조산운동은 지금도 계속되고 있어서 네팔의 국토는 매년 수 mm씩 상승하고 있다(이것이 지진의 원인이 되고 있기도 하다).

지질학적으로 신비스러운 네팔은 여행지로서도 매우 이상적이다. 세계에서 네팔만큼 다양한 취향의 여행자를 다 아우를 수 있는 곳도 드물 것이다. 싯다르타 고타마(부처)가 태어난 룸비니Lumbini는 전 세계 불교인들의 성지로 순례자들의 발길이 끊이지 않고, 네팔 히말라야 지붕 아래에는 세계에서 가장 높은 봉우리 10곳 중 8곳이 있어 전 세계 산악인들과 트레커들을 불러 모은다. 그뿐이 아니다. 네팔의 중앙부인 카트만두 분지Kathmandu Valley는 전체가 세계문화유산이다. 수백 년의 세월을 함께한 사원과 자갈길, 조각, 우물, 광장이 현지인의 삶과 어우러져 있는 호젓한 중세 마을은 살아 있는 네팔 문화박물관이다. 세계 자연문화유산으로 지정된 국립공원에서는 동물도감에서나 보았던 온갖 동물들과 눈을 마주치는 경험도 하게 된다.

대자연과 하나 되는 환상적인 경험은 이제부터 시작이다. 세계 제일의 트레킹 국가이니 에베레스트Everest, 안나푸르나Annapurna 트레킹은 말할 것도 없겠고, 히말라야의 고산준령을 타고 넘는 산악자전거 여행, 히말라야 협곡으로 몸을 던지는 극한의 번지점프(세계 최고라고 알려진 뉴질랜드의 번지점프보다 더 높다!), 세계 최고 높이에서 열리는 거의 미친 짓에 가까운 에베레스트 마라톤 대회, 그리고 세계 최고의 패러글라이딩 장소 역시 네팔에 있어 대회가 열리는 1월에는 해마다 전 세계의 선수들이 모여든다. 협곡에서는 폭포를 정면으로 맞으며 암벽등반을 하고, 그 아래 계곡에서는 급류를 타는 래프팅이 펼쳐진다.

그러나 환상적인 자연 속에서 즐기는 이런 아웃도어 액티비티를 경험하지 않더라도 네팔은 '신의 축복을 받은 땅'이라는 걸, 나는 포카라Pokhara에서 어렵지 않게 알아차렸다.

솔직히 네팔에 처음 도착했을 때는 인도에서 거의 탈출(?)하는 심정이었다. 인도는 내게 애증의 땅 같은 곳이어서 탈출과 잠입을 무한 반복했는데, 그곳에서 심신이 피로해질 때마다 위안을 받으러 네팔로 넘어오곤 했다. 그런 의미에서 인도와 네팔을 넘나들 수 있는 육로 국경이 다섯 군데나 된다는 것은 참

다행스러운 일이 아닐 수 없다.

    장기여행자들의 아지트인 포카라의 레이크사이드Lakeside에 막 발을 들여놓았을 때, 이곳은 지상낙원이 아닐까 하는 생각이 얼핏 스쳤다. 먼저 만년설을 머리에 인 안나푸르나의 마차푸차레Machhapuchhare가 한눈에 들어왔다. 파란 하늘에 우뚝 솟은 설산이 마을을 평화롭게 내려다보고 있었다. 헛것을 본 건가 싶어 눈을 비비적대는 사이 구름에 가려 금세 자취를 감춰 버렸는데 사라진 모습조차 신비로웠다. 맑은 날에는 동쪽으로 길게 퍼져 있는 페와 호수Fewa Tal, Phewa Tal에 마차푸차레가 잔잔하게 그림처럼 내려앉았다. 그리고 그 호수를 따라 숙소와 식당, 상점들이 늘어서 있었다. 신비로운 설산과 평화로운 호수, 온화한 바람, 쾌적한 공기, 낮은 건물, 친숙한 사람들, 그들의 정겨운 눈빛…. 걷고 있는 것만으로도 힐링이 되는 것 같은 레이크사이드는 나에게 완벽한 비상구였다. 1970년대 히피들이 포카라로 몰려든 이유를 이해할 수 있을 것 같았다.

    1990년대 후반부터 관광객이 밀려오기 시작하면서 포카라는 본격적인 휴양지로 이름을 올리게 되었다. 이 때문에 외곽에 고급 리조트가 들어서긴 했지만, 다행히 설산은 구름에 가릴 때 외에는 사라지는 게 아니어서 늘 볼 수 있었고, 페와 호수는 관광객을 위한 보트가 더 늘어나긴 했지만 여전히 고요했다. 건물들도 그다지 높아지지 않았다. 대신, 포카라에 갈 때마다 놀랐던 것은 식당의 가짓수였다. 이웃인 인도와 티베트 식당은 그렇다 쳐도 중국, 한국, 일본, 멕시코, 중동, 스페인, 이탈리아, 심지어 아일랜드 요리까지, 세계 각국의 식당이 이 작은 마을에 들어섰다. 거기에 분위기 있는 바와 에스프레소 커피를 파는 카페, 직접 구워 낸 빵을 파는 베이커리까지 없는 게 없었다. 여행으로 포카라를 찾았던 사람들이 이곳에 하나둘 뿌리를 내리고 있기 때문이다. 며칠 산속에서 트레킹을 하고 내려온 한국인들은 삼계탕이나 삼겹살로 몸보신을 하는 것도 어렵지 않았다.

처음 포카라를 찾았을 때, 나는 집 나온 지 일 년이 넘었던 터라 한국 음식이 살짝 그리웠다. 그러던 차에 우연히 태극 마크가 그려진 한식당을 발견했다. 그곳에서 나는 A를 만났다. 큰 배낭을 메고 들어선 나에게 A는 게스트하우스를 추천해 주었다. 'OO가든'이라는 이름처럼 넓은 잔디가 깔린, 정원 한쪽에 2층 건물이 있는 작고 아담한 숙소였다. 객실은 8개였는데, 모두 방도 널찍했고 뜨거운 물도 잘 나왔다. 숙소를 고를 때 옥상을 따지는 편인데, 공을 차도 될 만큼 넓은 옥상도 흡족했다. A의 말로는, 이미 여기저기 방을 보러 다녔는데 가격 대비 가장 괜찮은 곳이라고 했다. A는 진심으로 기쁜 마음에 정보를 공유하고 싶었던 것이다.

포카라의 숙소는 호숫가의 전망만 고집하지 않는다면 대체로 적당한 가격에 머물 만했다. 내게 숙소를 소개한 뒤로 A는 길에서, 식당에서, 상점에서 이제 막 도착한 나 같은 여행자를 하나둘씩 데려왔다. 물론 숙소 주인에게 돈을 받거나 하지는 않았다.

순전히 A의 선의로 그 낯선 곳에 나를 포함해 한국인 7명이 모이게 되었다. 더블 룸을 혼자 널찍하게 쓰면서도 우리는 A가 흥정해 놓은 저렴한 가격으로 묵게 되었다. 원래 여행의 이유라는 것이 거창한 것도 아니고, 따지고 보면 모두 비슷비슷하지만 속사정은 조금씩 달랐다. 실연의 상처를 달래는 중인 A, 연거푸 고시에 낙방해 세상에서 가장 불행한 얼굴을 하고 있는 B, 무명 연극배우 C, 자신이 원하는 삶이 무엇인지 생각해 보고 싶다는 D, 부모님의 49제를 지내고 왔다는 E, 회사생활이 지긋지긋해 대책 없이 사표를 썼다는 F, 그리고 나. 공교롭게 우리는 나이도 비슷했고 지나온 여행도 비슷했다. 몇몇은 티베트에서, 몇몇은 인도에서 넘어온 것이다. 서로 지나온 길이 서로에게 갈 길이기도 했다.

나이가 비슷해서 그런지 성향도 비슷했다. 한국인이라고 해서 꼭 밥을 같이 먹지 않아도 되었고, 아무 때나 노크해 어디를 같이 가자거나 뭔가를 하자는 부담스런 제안을 하지도 않았다. 또 하나, 네팔 여행자의 절반 이상이 트레킹이 목적임에도 우리는 누구 하나 산에 갈 생각을 하지 않았다. 우리는 티베트와 인도의 교집합인 네팔에서 만난 것뿐이지 애초에 등산을 하러 온 사람들이 아니니까. '우리'라고 표현하는 것은, 각자 혼자이긴 했지만 공동으로 하는 일도 있었기 때문이다. 그것은 매일 밤, 다음 날 아침 당번을 정하는 것이었다. 이른 아침 레이크사이드로 나가면 계피를 넣은 패스트리를 구워 광주리에 이고 다니는 아주머니들이 있는데, 그들에게서 빵을 사 오는 일이었다. 빵 한 덩이씩을 비닐봉지에 담아 각 방의 문고리에 걸어 두는 것이 당번의 할 일이었다. 옥상에서 빨래를 걷을 때 귀가가 늦어지는 이웃의 빨래를 서로 걷어 주기도 했다.

하루는 이런 일이 있었다. D가 불쑥, 안나푸르나 베이스캠프 트레킹을 떠나겠다고 해서 모두 새벽같이 일어나 배웅을 했다. 그런데 한숨 자고 일어났더니, D가 정원에 앉아 태연하게 책을 읽고 있었다. 초입을 걷는데, 문득 자신이 산길 걷는 것을 좋아하지 않는다는 것을 깨달았다고 했다. 우리는 아무도 웃지 않았다. D는 그렇게 또 몰랐던 자신을 알아낸 것뿐이니까.

우리는 무슨 일을 하는 건 아니었지만, 딱히 아무것도 안 한다고 할 수도 없었다. A는 아침 일찍 나가 저녁까지 늘 레이크사이드나 호숫가 주변을 어슬렁거렸다. 여행자를 더 데려오지는 않았다. B는 서점에서 여행자들이 팔고 간 소설책을 뒤적거리곤 했는데, 급기야 영어사전을 사서 독해하듯 영어책을 읽기 시작했다. C는 지나가는 상인에게 사랑기Sarangi라고 하는 바이올린처럼 생긴 전통악기를 사서 시도 때도 없이 연습했다. 나에게는 그 소리가 '낑낑' 소리로 들렸다. 떠날 때까지 파헬벨의 캐논을 연주하겠노라고 큰소리쳤으나 결국 떠날 때 (간신히) 연주한 곡은 '학교종이 땡땡땡'이었다.

전직 구두 디자이너였다는 D는 정원에 앉아 그림을 그리곤 했는데 숙소 주인집 꼬마에게 인기가 좋았다. 그림을 그려서 꼬마에게 이야기를 만들어 들려주곤 했다. E는 호수 부근에 있는 명상센터로 요가와 명상을 하러 다녔다. F는 주로 잠을 자거나 인터넷 카페를 가곤 했다. 인터넷 속도도 느리고 정전이 잦은데도 용케 한국 뉴스를 읽고는 우리에게 알려 주었다. 그 뉴스라는 것이 대개 연예인들의 가십거리이긴 했지만.

나는 아침마다 태극 마크가 있는 한식당으로 출근했다. 식당 주인은 네팔 사람으로 안산의 한 유리 공장에서 8년 동안 노동자로 일한 적이 있다고 했다. 그 인연으로 한식당을 차렸는데 제법 맛이 좋았다. 한국말도 잘했다. 내가 재래시장 따라가는 것을 좋아해서, 식당 주인은 내가 출근하기를 기다렸다가 같이 장을 보러 갔다. 나는 이따금 신 메뉴를 개발해준답시고 주방에 들어가 이러쿵저러쿵 훈수를 두곤 했다.

그렇게 나름대로 각자의 일정을 보내다 밤이 되면 우리는 약속한 것처럼 달빛이 내리비치는 정원에 옹기종기 둘러 모였다. 하루를 보낸 이야기로 시작해 자연스럽게 이런저런 각자의 생각이나 고민까지 털어 놓으며 같이 웃기도, 고개를 끄덕거리기도, 마음 아파하기도 했다. 지금 생각하면, 누군가 모르는 사람이 우리를 봤다면 아마 집단으로 정신병 치료를 받는 사람들처럼 보였을지도 모르겠다.

가끔 생판 모르는 사람에게 자신의 이야기를 하는 게 오히려 쉬울 때가 있다. 여행 중에는 그것이 가능하다. 길 위의 바람처럼 지나가듯이 말할 수 있다. 적어도 길 위에서 만난 여행자들은 서로 과거에 무슨 일을 했고, 어디에 살고, 돈이 얼마나 많은지 따위에는 관심이 없다. 길 위에서 배낭을 메고 있으면 모두 동등한 여행자일 뿐이니까. 우리에게는 내일 아침 누가 이른 새벽에 일어나 우리의 일용할 빵을 사 오는가가 더 중요한 문제였다.

그렇게 꼭 한 달을 지냈다. 혼자인 것 같기도 하고 아닌 것 같기도 한 애매한 느낌이었지만 나쁘지 않았다. 지금 생각하면 아무것도 하지 않았던 한 달이었지만, 내 인생에서 가장 마음 편한 한 달이었다. 모든 것이 '적당'했다. 적당히 외로웠고, 사람들과의 거리도 적당했고, 숙소의 가격도 적당했으며, 한 달의 시간도 적당했다. 포카라라는 장소 역시 매우 적당했다. 가끔 누군가가 '어디 조용한 데 가서 한 달만 살아 봤으면…' 하는 말을 듣게 될 때, 나는 그 한 달이라는 말에서 늘 포카라의 한 달을 떠올린다.

아, 한 달의 시간 중에서 가장 좋았던 시간은 빨래를 걷는 시간이었다. 그 시간은 노을이 지는 때이기도 했다. 돌아다니다가도 오후가 되면 서둘러 숙소로 돌아왔다. 옥상에서는 다른 숙소의 옥상도 훤히 보였는데, 모두 나처럼 올라와 마차푸차레 쪽을 바라보고 앉았다. 마치 영화가 시작되기를 기다리는 관객들처럼.

네팔어로 마차는 '물고기', 푸차레는 '꼬리'라는 뜻이다. 물고기의 꼬리처럼 둘로 갈라진 봉우리가 노을을 받아 노랗게 금빛으로 물드는 걸 보고 있으면, 딱히 하고 싶은 것도, 할 것도 없는 포카라에서 저 설산을 조금 더 가까이서 보고 싶다는 생각, 그 생각만큼은 매일 조금씩 들곤 했다.

## 포카라에서의 잊지 못할 새벽, 사랑곳

사랑곳Sarangkot은 페와 호수 북쪽에 자리한 산마을이다. 이 마을의 정상에 히말라야 전망대가 있다. 이곳에서는 레이크사이드에서보다 히말라야의 연봉들이 훨씬 뚜렷하고 가깝게 보인다. 포카라에서 넉넉잡아 2~3시간이면 도착하는 마을인데, 이곳에서 하루 묵어야 하는 이유는 바로 아침에만 볼 수 있는 설산의 일출 때문이다. 길이 잘 닦여 있어 매일 새벽 포카라에서 택시를 타고 올라오는 여행자들도 많다. 시간 여유가 된다면 이곳에서 1박을 하길 권한다. 이곳 밤하늘의 별도 매우 아름답기 때문에.

# INFORMATION

## 포카라를 여행하는 법

### 포카라로 가는 방법
카트만두에서 포카라까지 국내선 항공 또는 버스로 이동할 수 있다. 항공은 1시간, 버스는 7시간 소요된다. 항공권, 버스티켓은 카트만두의 여행자 거리인 타멜 지역에서 쉽게 구입할 수 있다.

### 네팔에서 히말라야 래프팅하기
높은 산이 만들어 낸 계곡에서의 급류 래프팅은 히말라야가 주는 또 다른 선물이다. 초보라도 무난하게 할 수 있는 코스는 테라이(Terai) 평원으로 향하는 길에 있는 트리슐리(Trisuli) 강 코스다. 물살이 느린 편이라서 대중적인 코스로 사랑받는다. 카트만두나 포카라 어디에서도 쉽게 출발할 수 있는데 여행사를 통해 프로그램을 신청하면 된다. 래프팅 장비는 모두 여행사에서 알아서 준비한다. 심지어 점심까지도.

## 네팔 여행 필수정보

### 여행하기 좋은 시기
네팔의 기후는 건기인 10~5월과 우기인 6~9월로 나뉜다. 여행하기 가장 좋은 계절은 10~11월로 이때는 온도가 온화하고 하늘이 쾌청하다. 그 다음으로는 우기 직전인 3~5월로 흐린 날이 많긴 하지만 포근하고 따뜻하다. 11~1월은 겨울이 시작되면서 쌀쌀해지고, 6~9월은 본격적인 우기가 시작된다.

### 네팔로 가는 방법
인천에서 네팔의 수도인 카트만두까지 대한항공이 직항편을 운항한다. 직항은 7시간 35분 소요된다. 경유편으로는 인천-방콕-카트만두를 운항하는 타이항공 등이 있다.

### 비자
네팔은 도착비자(VOA) 제도를 시행하고 있다. 출입국심사대 근처의 'Visa on Arrival' 카운터로 이동하여 수수료를 내면 여권에 비자를 붙여 준다. 수수료는 비자 유효기간 15, 30, 90일에 따라 다르다.

# 나마스떼, 히말라야!
### 네팔, 히말라야 트레킹 마을

천장이 비스듬한 다락방 롯지에서

묵게 될 때는 딱딱한 매트리스 위에

침낭을 펴고 들어가 창밖 설산을 보고 있으면,

알프스 소녀 하이디가 된 기분이었다.

산속의 칠흑 같은 밤, 창문으로 달빛이

스며들고 옆방에서 고단한 트레커의

간간히 코 고는 소리를 들으며 잠이 든다.

### 포카라에서
### 머물던
### 한 달 동안

나의 유일한 낙은 숙소 옥상에서 설산 마차푸차레를 바라보는 것이었다. 하루는 숙소 주인에게 포카라에서 당신의 옥상만큼 전망 좋은 곳이 어디냐고 물으니, 두말 않고 사랑곳Sarangkot에 가 보라고 했다. 이름도 예쁜 사랑곳은 포카라에서 2~3시간 걸어가면 있는 작은 산마을이었다. 당일여행으로 다녀오기 충분한 거리였지만 새벽 전망이 특히 아름답다기에 나는 그곳에서 하루 묵기로 했다.

사랑곳 전망대1,592m에서의 풍경은 숙소 옥상에서 늘 보던 것과는 달랐다. 푸르스름한 새벽 어둠이 슬슬 걷히는가 싶더니 한순간에 다올라기리, 마차푸차레, 안나푸르나가 두둥 하고 왼편 하늘을 가득 채우며 박력 있게 모습을 드러냈다. 눈앞에 펼쳐진 풍경이 하도 순식간이어서 마치 누군가 옆에 서 있다가 커튼을 확 열어젖힌 듯했다. 푸른 여명과 흰 설산이 순간에 합체하여 만들어내는 황홀경에 압도된 나는 설산이 구름 커튼에 가려질 때까지 한동안 넋을 놓고 바라보았다.

포카라로 내려오자마자 사진관으로 향했다. 안나푸르나 지역을 트레킹하려면 출입증을 발급받아야 하고, 서류를 만들려면 사진이 필요하기 때문이다. 그 길로 등산화와 트레킹 지도를 샀다. 비자도 연장했다.

네팔은 트레킹 대국답다. 거리의 세 집 걸러 한 집이 트레킹 용품을 판매하

는 상점이다. 맨몸으로 네팔에 도착해도 머리부터 발끝까지 빠르고 완벽하게 트레킹 장비를 갖출 수 있다. 등산화나 침낭은 날짜대로 계산을 해서 대여해 주기도 한다. 산에서도 힘들게 배낭을 짊어지지 않아도 된다. 포터(짐꾼)를 고용하면 동행하며 짐을 들어 준다. 시간도 생각보다 오래 걸리지 않는다. 안나푸르나 베이스캠프 트레킹은 일주일, 에베레스트 베이스캠프 트레킹은 2주일 정도면 가능하다.

    그럼에도 불구하고 선뜻 트레킹을 마음먹지 못한 이유는 미천한 등산 경력 때문이었다. 산이라고는 지리산, 그것도 천왕봉도 아니고 연하천 대피소에서 하룻밤 자고 내려온 것이 전부였다. 그러니 해발 4,000~5,000m를 걷는 일은 언감생심 꿈도 꾸지 않았던 것이다. 축구하는 것을 좋아하는 것이 아니라 축구 경기 보는 것을 좋아하는 것처럼 산도 그저 바라보는 것으로 족했다.

    그러나 사랑곳의 일출을 보고 나서 마음이 두근거리기 시작했다. 산 너머는 또 어떤 모습인지 궁금해지기 시작하자 이상하게도 해발이 4,000이든 5,000이든 어차피 나 같은 사람에게는 실감할 수 없는 숫자일 뿐이라는 생각이 들었다. 해발의 높이가 점점 실감이 나지 않는 것이다. 숙소 주인에게 안나푸르나 트레킹을 다녀오겠다고 했더니 기다렸다는 듯이 짐을 맡아 주겠다고 했다. 그러니까 이런 것이다. 잉글랜드의 프로 축구를 보다가 TV 중계가 성이 차지 않아 구장에서 직접 보겠다고 영국 행 티켓을 끊은 격이라고 할까.

    안나푸르나 베이스캠프Annapurna Base Camp를 줄여 ABC라고 한다. 베이스캠프까지 가는 ABC트레킹은 보통 6~7일 정도 소요된다. 하루 도보 시간은 6~8시간 정도인데 아침 7시쯤부터 걷기 시작한다. 서서히 고도가 높아지지만 한두 시간 간격으로 작은 찻집과 식당이 나타나 틈틈이 휴식도 취하고 식사도 한다. 그렇게 오후 3~4시까지 걸으면 대체로 트레커들이 하루 묵어 가는 롯지Lodge가 모여 있는 마을에 도착한다.

내내 설산을 보며 걷는 것도 낭만적이지만, 히말라야 산속 마을에서 하룻밤을 머무는 것은 생각보다 꽤 근사하다. 일찌감치 도착해 땀으로 축축해진 등산화를 말리며, 들꽃 가득한 마당에 앉아 한가로이 볕을 쬐는 것은 하루를 부지런히 걸은 자만이 누릴 수 있는 작은 평화이다.

저녁 식사를 기다리는 동안 세계 각국에서 온 트레커들은 식당 난롯가로 모여든다. 소박하지만 푸짐한 저녁 식사인 달 바뜨Daal Bhaat, 밥과 렌즈콩를 배불리 먹고는 모두 일찍 잠자리에 든다. 롯지의 객실은 매우 간소하다. 나무로 만든 침대 하나와 이불 한 채가 전부다. 따지고 보면 산속에서 잠자는 데 그다지 필요한 것은 없는 듯도 하다. 이런 히말라야 산중에 바람 막고 허리 뉘일 공간이 있다는 것만으로도 감사한 일이다.

천장이 비스듬한 다락방 롯지에서 묵게 될 때는 딱딱한 매트리스 위에 침낭을 펴고 들어가 창밖 설산을 보고 있으면, 알프스 소녀 하이디가 된 기분이었다. 산속의 칠흑 같은 밤, 창문으로 달빛이 스며들고 옆방에서 고단한 트레커의 간간히 코 고는 소리를 들으며 잠이 든다. 아름다운 설산을 쫓아 왔다가 나는 점점 히말라야 산중을 걷고 자는 트레킹Trekking 자체에 점점 빠져들게 되었다.

네팔에 갈 때마다, 시간을 내어 안나푸르나 지역을 코스만 조금씩 달리해 트레킹했다. 좀솜Jomsom, 2,760m까지 걸어 올라갔다가 경비행기를 타고 히말라야 자락을 내려다보며 포카라로 돌아오는 좀솜 트레킹은 짜릿했다. 꼬박 21일이 걸렸던 안나푸르나 서킷 트렉Circuit Trek은 드라마틱했다. 서킷 트레킹은 안나푸르나 산속을 반시계 방향으로 도는 라운딩 코스인데, 해발 5,416m인 토롱라Thorung La를 넘던 날을 잊지 못한다. 낮에는 눈보라가 심해지니 새벽에 출발해야 한다는 포터의 조언에 따라 새벽 4시부터 오전 내내 죽어라고 올라간 길을, 다시 오후 내내 미친 듯이 내려왔다.

하루에 1,600m의 고도차를 오르락내리락하던 그날은 내 생일이었다. 묵띠나뜨3,800m에 도착해 등산화를 벗어 보니 엄지발가락이 퍼렇게 멍이 들었고 덜렁거리던 발톱은 씻다가 기어이 빠져 버렸다. 그 뒤로 어떻게 포카라까지 내려왔는지 기억나진 않지만, 웅장한 안나푸르나의 봉우리들이 선사하는 장대한 산악 풍경과 황량한 듯 아름다운 마을 풍경은 지금도 생생하다. 특히 불교와 힌두교의 순례지인 묵띠나뜨는 인도 남부에서 비행기를 타고 온 힌두교 신자들과 티베트의 무역상들이 모여 있는 독특한 분위기가 인상적이었다. 좀솜 아래의 마르파Marpha, 2,680m 마을은 흰 석재로 지어진 건물이 눈에 띄는 마을이었는데, 이 동네의 롯지 주인들은 모여서 요리 연구라도 하는지 어느 집이든 애플파이를 만들어 내는 솜씨가 기가 막혔다.

ABC트레킹 코스 중에서 가장 기억에 남는 마을은 베이스캠프 마을이다. 트레킹 최적의 계절인 10월이기도 했지만 동생과 함께한 트레킹이기에 더욱 의미 있었다. 혼자가 아닌 동행이 있는 것은 트레킹을 더욱 즐겁게 한다. 막 우기가 끝난 때라서 장맛비가 말끔히 씻겨간 산속의 대기는 투명하고, 하늘은 화창했으며 경치도 한창이었다. 날씨도 걷기에 석당했다. 마침 안나푸르나 산중에 사과 농사가 풍년이었는지 사과 자루를 짊어지고 내려가는 짐꾼들이 많았는데, 붙임성 좋은 동생이 직거래로 흥정하여 싱싱한 사과를 사 먹기도 했다.

하루는 작은 마을을 지나는데 부모님은 모두 일을 나갔는지 대여섯 살쯤 된 남매가 집을 지키고 있었다. 낡은 마루에 앉아 "헬로~!" 하며 손을 흔드는 남매의 손에 초콜릿이 쥐어져 있는 걸로 봐서 앞서간 등산객이 쥐어 준 모양이었다. 동생이 가방을 열었다. 간식거리를 나눠 주려나 생각했는데 약상자를 꺼냈다. 내 눈에는 꼬마의 손에 들린 초콜릿이 들어온 반면, 간호사인 동생 눈에는 꼬마 무릎에 있는 상처가 먼저 눈에 띈 것이다. 고름이 터져 줄줄 흐르는 무릎을 소독하고 약을 바르고 붕대를 감아주곤 겁에 질린 꼬마를 달래려 한동안 장난을 치며 깔깔대곤 했다.

낮에는 그렇게 명랑하던 동생도 안나푸르나 베이스캠프4,130m의 롯지에서는 고산증 때문에 힘들어 했다. 나 역시 몇 번 왔던 곳이었지만 고산증이라는 게 면역이 되는 것은 아닌 듯했다.

밤새 끙끙대던 동생이 새벽에 화장실을 간다고 나가더니 황급히 뛰어 들어왔다. 잠결에 끌려 나가보니, 세상에! 설산과 빙벽이 온몸을 드러내고 베이스캠프를 포위하듯 빙 둘러싸고 있었다. 한마디로 우리는 설산에 포위되었다. 하늘에는 별이 서로 부딪힐 정도로 가득 박혀져 있는데 하늘이 그렇게 볼록하기는, 별이 그렇게 가까이 보이기는 처음이었다. 별이 닿을 듯해 손을 휘휘 내저었다. 그 순간은 너무 낯설면서도 신비로워 동생과 나는 우주의 어느 행성에 불시착한 것 같은 느낌이었다.


나는 겁 없이 조금 더 높은 꿈을 꾸었다. 세상에서 가장 높은 산, 에베레스트 트레킹을 마음에 품기 시작한 것이다. 그것도 에베레스트 베이스캠프EBC, Everest Base Camp 트레킹을 겸해 한 바퀴를 도는 에베레스트 서킷 트렉을.

오랫동안 꿈꾸어 온 것과 달리 트레킹은 즉흥적으로 이루어졌다. 마침 서로 해외에 있어 F(미얀마에서 종을 사다 준 친구)와 안부 메일을 주고받던 중, 의기투합하여 카트만두에서 만나기로 했다. 에베레스트 트레킹은 보통 카트만두에서 루클라Lukla, 2,860m까지 경비행기를 타고 가서 그곳에서부터 시작하는 것이 일반적이다. 그런데 F는 보통 사람들과 달리 출발을 지리Jiri에서 하고 싶다고 했다. 지리는 비행기를 타는 대신 카트만두에서 7시간 버스를 타고 간 뒤, 루클라까지 꼬박 일주일을 걸어야 하는 길이다. 취향내로 F는 일주일 먼저 출발하기로 하고 버스에 올랐다.

 일주일 뒤, 나는 경비행기를 타고 F가 일주일 동안 걸었을 길을 한 시간 만에 도착했다. 사전에 우리는 8일째 날 밤, 추모아Chumoa 마을에서 만나기로 약속했다. 트레커들이 보통 추모아 윗마을에서 머물기 때문에 우리는 일부러 찾기 쉽도록 롯지가 3~4개밖에 없는 작은 마을에서 만나기로 한 것이다. 그러나 그 밤, F는 오지 않았다. 나는 롯지 주인에게 사정을 이야기하고 숙소 로비에 침상을 폈다. 혹시나 F가 늦게라도 올지 모른다는 생각에서였다. 문에 달아 둔 종소리가 딸랑거릴 때마다 벌떡 일어나곤 했는데, 밖에 매어 있는 소의 목에 걸린 방울 소리였다. 소도 잠 못 이루고 뒤척이는지 밤새 딸랑거렸다.

 아침까지 F는 도착하지 않았다. 이곳을 지나쳤을 수도 있다는 생각에 일단 체크포인트까지 걷기로 했다. 혹시 몰라, 간밤에 머물던 롯지의 현관문에 쪽지를 매듭 모양으로 접어 붙여 놓았다. 겉에 F는 알아볼 수 있을 거라고 판단되는 나름의 한글 표식을 써서.

 에베레스트에 입산하려면 누구라도 사가르마타 국립공원Sagarmatha

National Park 입구에서 입산료를 내야 한다. 체크포인트 직원에게 사정을 이야기하고 입산자 리스트를 확인해 보니 F는 아직 이곳을 통과하지 않았다. 통과할 때는 입산자의 국적과 이름을 적게 되어 있는데 F의 이름은커녕, 2~3일 전으로 한국인의 입산이 없었다. 그렇다면 문제는 이제 더욱 심각해졌다. 왜냐하면 F는 출발 전에 신용카드와 편도 항공권, 현금, 그리고 모든 귀중품을 나에게 맡긴 상태였다. 우리는 만나게 될 거라고 굳게 믿었으니까 조금 편하게 출발하는 내가 안전하게 보관하기로 한 것이다. F는 달랑 일주일간의 경비와 여권만 들고 간 상황이었으므로 입산료를 낼 돈조차도 없을 것이다. 머리가 복잡해지기 시작했다. 나는 체크포인트 앞에 앉아 몇 시간을 트레커들이 걸어오는 길만 물끄러미 바라보았다. F의 신변에 무슨 일이 일어난 건 아닐까, F도 저 길로 걸어와야 할 텐데. 나만큼 포터도 안절부절못했다.

포터는 더 늦기 전에 출발하지 않으면 어두워져 마을에 도착하지 못할 거라고 했다. 다음 마을에서는 고산 적응을 위해 이틀을 머물 예정이었으므로 일단 그 마을에서 기다리기로 했다. 그때까지 오지 않으면 무슨 일이 일어난 걸로 알고, 나도 트레킹을 그만두고 카트만두로 내려가리라 생각했다.

체크포인트 직원에게 F의 이름을 말하곤 입산료를 맡겨 놓았다. 체크포인트의 입구에서 잘 보이는 곳에도 쪽지를 남겨 놓았다. 걸으면서도 눈에 띄는 큰 나무에 쪽지를 붙이고 종종 뒤를 돌아보았다. 부슬부슬 비까지 내리기 시작했다. 한두 시간 정도 지났을까. 무심코 뒤를 돌아보는데 노란 우비를 입은 F가 저 아래에서 절뚝거리며 산언덕을 올라오고 있었다. 등산화가 문제였는지 발목이 아파 지난밤에 약속 장소까지 오지 못하고 부득이하게 아랫마을에서 머물렀다는 것이다. 내가 남긴 메모를 속속 읽으며 거의 초인적인 힘으로 걸어온 F는 나를 보자마자 호주머니에서 내가 남긴 쪽지를 모두 꺼내 보여 주었다. 그 길은 남체 바자르 Namche Bazar, 3,420m 로 가는 길이었다.

기어코 도착해 남체 바자르 마을의 전경이 한눈에 들어왔을 때 흠칫, 발걸음이 멈춰졌다. 설산을 마주한 언덕에 집들이 촘촘히 박혀 있는 모습은 제임스 힐튼의 소설에 나오는 '샹그릴라'가 아닐까 싶을 정도로 아름다웠다. 남체 바자르는 매우 신기한 마을이다. 해발 3,000m의 산중 마을에 ATM기와 인터넷 카페 여행사가 있고, 롯지에서는 뜨거운 물이 펄펄 나왔다. 베이커리에는 시나몬 빵과 치즈, 커피까지 있었다. 마침 토요일이어서 장까지 열렸는데 중국에서 넘어온 짝퉁 점퍼와 청바지들이 가득했다. 평화로우면서도 생동감이 넘치는 산속 도시, 남체 바자르. F와 나는 이곳이 21세기 샹그릴라쯤 될 것 같다는 데 의견을 같이했다.

에베레스트 트레킹은 안나푸르나 트레킹과 분위기가 사뭇 달랐다. 롯지가 형성된 마을은 대체로 컸고, 시설도 더 좋았다. 에베레스트 산중 롯지의 음식들은 경이로웠다. 야크치즈를 듬뿍 뿌려 장작으로 구워 낸 고소한 피자와 고산증 때문에 수시로 먹었던 사골 우려낸 것보다 더 진한 마늘 수프는 지금 생각해도 침이 넘어간다. 대신 추위와 고도는 더 심하게 느껴졌다. 에베레스트 베이스캠프를 가기 위해 머물던 고락 쉐프Gorak Shep, 5,160m 마을에서는 자고 일어났더니 밤새 머리맡에 놔둔 물컵에 살얼음이 끼어 있었다. 에베레스트 베이스캠프 자체에서 보는 풍경은 의외로 평범한 대신, 칼라 파타르Kala Pattar, 5,545m에서 바라본 에베레스트 산과 쿰부 빙폭은 힘들게 오른 보람을 느낄 정도로 장관이었다.

베이스캠프에서 우리는 루클라로 돌아가지 않고, 서쪽으로 초라Cho La, 5,420m를 패스해 라운딩을 완성하기로 했다. 고쿄Gokyo, 4,7500m에 가기 위해서였다. 남체 바자르까지 내려갔다가 고쿄까지 다시 오르는 방법이 있지만, 우리는 의기투합해 초라 산맥을 넘기로 한 것이다.

눈이 무릎까지 푹푹 빠지는 초라 산맥을 넘어 이틀 뒤, 마침내 지금까지 내가 본 세상에서 가장 아름다운 고쿄 호수를 보았다. 고쿄 호수는 단순히 에메랄드 빛이라고 하기엔 뭔가 부족하다. 그것은 경이로움 그 자체였다. 산 빛, 하늘빛, 눈빛을 잘 섞은 다음, 그 위에 햇빛을 톡톡 양념처럼 뿌린 듯 반짝반짝 눈이 부셨다. 우리는 계획을 변경해 이 평화롭고 사랑스러운 마을에서 며칠 더 묵기로 했다. 다른 트레커들도 아쉬움에 고쿄를 선뜻 떠나지 못하고 2~3일 정도 더 머물곤 했다. 하루 종일 물수제비 뜨기를 하는 F 옆에서 나는 편편한 돌을 주워 층층이 돌탑을 쌓았다. 롯지의 담벼락에 누군가 써 놓은 NEPAL의 의미를 생각하면서.

Never End Peace And Love.

### 히말라야의 잊지 못할 공항, 루클라 공항
트레커들은 산에서 더 많은 시간을 보내기 위해 카트만두-루클라를 비행기로 이동한다. 루클라 공항은 세계에서 가장 위험한 공항 중에 하나로 꼽힌다. 네팔의 동쪽에 있는 루클라 마을의 공항은 해발 2,860m에 자리 하고 있으며 활주로 길이가 460m, 폭 20m 규모에 불과하다. 경사진 활주로를 달려 비행기가 이륙해 절벽으로 뜨는 것을 바라보고 있으면 아찔하다. 그래서 비행기는 주로 낮 시간에만 운항하며 날씨에 따라 비행 출발 시간이 지연되기도 한다. 악천후로 비행기가 결항되기도 하고 심할 땐 공항이 폐쇄되기도 한다.

고요 호수는 단순히 에메랄드 빛이라고

하기엔 뭔가 부족하다. 그것은 경이로움

그 자체였다. 산 빛, 하늘빛, 눈빛을

잘 섞은 다음, 그 위에 햇빛을 톡톡

양념처럼 뿌린 듯 반짝반짝 눈이 부셨다.

## INFORMATION

### 인상적인 네팔 히말라야 산중 마을

#### 안나푸르나 베이스캠프(ABC)
안나푸르나 베이스캠프 트렉의 최종 목적지가 되는 마을. MBC(마차푸차레 베이스캠프)에서 ABC까지는 구름과 안개에 쌓인 매우 운치 있는 길을 걷게 된다. 해발 4,130m인 ABC에서는 사방이 설산에 둘러싸인, ABC 트렉 최고의 아름다운 새벽 풍경을 볼 수 있다.

#### 묵띠나트(Muktinath)
안나푸르나 서킷 트렉 중 가장 높은 고도인 토롱라(Thorung La, 5,416m)를 패스하면 묵띠나뜨(3,800m)에 도착한다. 이곳은 불교와 힌두교의 성지로 인도에서 온 순례자들과 티베트의 무역 상인들을 볼 수 있는 특별한 곳이다. 시간이 없는 여행자들은 포카라에서 아랫마을인 좀솜까지 비행기를 타고 와 2~3일 일정으로 묵띠나뜨를 둘러보기도 한다. 묵띠나뜨 사원에는 롯지가 없고 10분 정도 걸어가면 마을이 있다.

#### 남체(Namche)
에베레스트 베이스캠프 트렉 중 가장 많은 시간을 보내게 되는 마을이다. 고도는 3,420m. 일단 올라가기 전에 고소 적응을 위해 이틀을 머물 테고, 내려오는 길에 하루를 또 머물게 될 테니까. 경관도 좋지만 활기찬 산속 마을 사람들의 살아가는 모습을 볼 수 있어 좋다.

#### 종라(Dzongla)
에베레스트 베이스캠프에서 남체로 되돌아가지 않고, 서쪽으로 방향을 잡아 서킷 트렉을 하면 만나게 되는 마을. 가는 중에 아름다운 호수 초라초(Chola Tscho)를 볼 수 있다. 종라 마을에는 롯지가 2개밖에 없지만 에베레스트 서킷을 하는 트레커들은 많지 않기 때문에 머무는 것은 문제없다. 눈 소리와 바람 소리밖에 들리지 않는, 눈 속에 파묻힌 마을 풍경이 매우 아름답다. 이곳에서 하루 머물고 초라(5,420m)를 패스하면 고쿄로 가는 루트다.

### 네팔 트레킹 필수정보

#### 트레킹하기 좋은 시기
트레킹을 하기 좋은 시기는 건기인 10~5월 사이인데 특히 좋은 때는 10~11월이다. 이때는 하늘이 쾌청하고 시야가 눈에 잘 들어온다. 12~2월까지도 트레킹을 하지만 추위가 혹독해 높은 고도에서는 위험할 수 있다. 안나푸르나 서킷 중 토롱라 코스, 에베레스트 서킷 중 초라 코스는 눈으로 봉쇄될 수 있다. 두 곳 모두 베이스캠프까지 가는 것은 가능하다. 3~5월까지는 건조하며 먼지가 날리기도 해 시야 확보에 어려움이 있다. 트레커들이 없어서 한적하게 트레킹을 할 수는 있지만 날씨는 그다지 맑지 않다. 6~9월은 우기로 트레킹을 하기엔 사실 어렵다. 곳곳에 거머리가 창궐해 트레커의 수가 현저하게 줄어든다.

#### 트레킹 허가증 받기
모든 트레커들은 TIMS(Trekking Infor-

mation Management System)카드를 발급받아야 한다. 등록되지 않은 프리랜스 가이드와 포터가 트레커와 직접 계약하는 것을 방지하기 위한 것으로 현지에 도착해 여행서비스센터에서 발급받으면 된다. 이와는 별도로 입산을 허가하는 '트레킹 퍼밋'이 필요한데 안나푸르나 지역은 미리 발급받아야 하고, 에베레스트 지역은 사가르마타 국립공원 안에서 입장료를 내게 되어 있다.

## 고산증

트레킹을 앞둔 사람들이 가장 걱정하는 부분이다. 고산증은 겪어 본 사람만이 안다. 잠을 이루기 어려울 정도로 머리가 아프고, 숨이 차고, 뒷골이 당기고, 속이 울렁거리고, 소화불량, 심한 두통 등의 증상이 동시에 나타난다. 그러나 신기하게도 고도가 낮은 곳으로 내려오면 말끔히 해소된다. 고도를 낮추는 것만이 가장 유일한 처방이다. 고산증을 예방하기 위해서는 무엇보다도 천천히 고도를 높이고, 충분한 수분과 열량을 섭취를 하는 것이 좋다. 미리 고산증 약을 준비해 가는 것도 좋다. 고산증약은 네팔에서도 쉽게 구할 수 있다.

## 가이드와 포터 고용하기

가이드와 포터를 찾는 것은 어렵지 않다. 트레킹 에이전시를 통하면 된다. 가이드는 지형과 루트를 잘 알고 있으며 효율적으로 안내한다. 포터는 짐을 들어주는 역할을 한다. 기본적으로 루트를 알고 있으며, 간혹 간단한 영어회화가 가능한 포터도 있다. 물론 가이드, 포터를 모두 고용할 필요는 없다. 팀으로 오는 사람들은 가이드를 고용하기도 하지만 여행자들은 대부분 포터만 고용한다. 네팔에는 300곳이 넘는 트레킹 에이전시가 있으며 국제적인 여행사와 연계한 곳부터 소규모 에이전시까지 종류도 다양하다. 이곳에서 트레킹에 관한 모든 정보를 얻을 수 있다.

## 산에서의 식사와 숙박

걱정할 필요가 전혀 없는 부분이다. 오지를 가는 것이 아니라 세계적으로 매우 유명한 트레킹 루트를 가는 것이기 때문. 산의 롯지는 그 명성에 걸맞게 부대 시설이 매우 잘 갖춰져 있다. 시설이 좋다는 것이 아니라 트레킹하기 불편함이 없다는 것. 다만, 알아둘 것은(어쩌면 당연한 것이겠지만) 고도가 점점 높아질수록 산속에서의 물가도 비싸진다. 산속에서 달러는 통용되지 않으니 현지화로 넉넉하게 준비해 가는 것이 좋다.